編みものワードローブ

三國万里子

文化出版局

手編みのセーターを持っていますか？

わたしはお気に入りを数枚、冬用の引出しに入れています。
どれも長く着ているものですが、
いちばん古いのは高校のときに母から譲られた編込みのスキーセーターです。
叔父がフランスのスキー場で働いているときに母に送ってきたもので、
母も幾冬か着ていたから、
おそらく30年くらいは活躍してくれていると思います。
ごつごつした太い糸で編まれてあって毛玉はそれほどつかないけれど、
ラグラン袖のとじ目が切れたりして、何度か補修しながら着ています。

デザインが気に入っているのはもちろんのこと、
いつの間にかついてしまった貫禄が、さらに時間を超える手伝いをするのか、
毎年買い足していく服にもすんなりなじんでくれます。
気に入れば長く着るんだよね、ということを教えてくれたセーターです。

わたしが作るニットもそんなふうに役立てたらハッピーだな、と思いますが、
さすがに30年も保つというのは例外です。
それに、長もちするニットばかりがいいというわけでもない。
もっと軽やかに役に立って、さよならするニットもあります。

たとえばミトン。
自転車に乗る人が1シーズン使えば、ぼろぼろになることもある。
わー、こんなになっちゃったね、とその擦り切れた姿を改めて見つめると、
使い切ったなあ、というすがすがしさを感じます。

惜しまず使えばいい。そのために作ったのだから。
ぼろぼろになったら、また編めばいいのですしね。

Enjoy Knitting!

　　　　　　　　　　　　　　　　　　　　　　　　　　　三國万里子

CONTENTS

フェアアイルヨークのセーター —— 04
カバーのついた手袋 —— 06
モヘアのカーディガン —— 08
ケーブルの髪結び帽子 —— 10
耳まで暖かい帽子 —— 11
花の白黒ミトン —— 12
星の白黒ミトン —— 13
ヘンリーネックのベスト —— 14
アランのカーディガン —— 15
編込みポンポン帽子 —— 16
三角ショール —— 18
編込みレッグウォーマー —— 20
ケーブルの指出し手袋 —— 21
カトラリーのミトン —— 23
T字形のセーター —— 24
ケーブルとかのこのポンチョ —— 26
フェアアイルのケープレット —— 27
うろこ雲ミトン —— 28
へちま衿のカーディガン —— 30
ふかふかモヘア帽子 —— 32
星空と木立のミトン —— 33

編込みのレッスン —— 34
ミトン編みのポイントレッスン —— 35
ステッチのレッスン —— 36
ケーブル針を使わない交差のレッスン —— 37
INDEX —— 38

作品の編み方 —— 41
編み物の基礎 —— 82

フェアアイルヨークのセーター

本が似合うセーター。
学生のころ、自分も周りもよくこんなのを着ていました。
きりっとした紺地に合うヨークの色を、試し編みして探すのがとても楽しかった。
ヨークは編み込みながら減し目をしていくので集中が必要だけど、
チャートを追っていくうちにいつの間にかでき上がりますよ。

see page > **44**

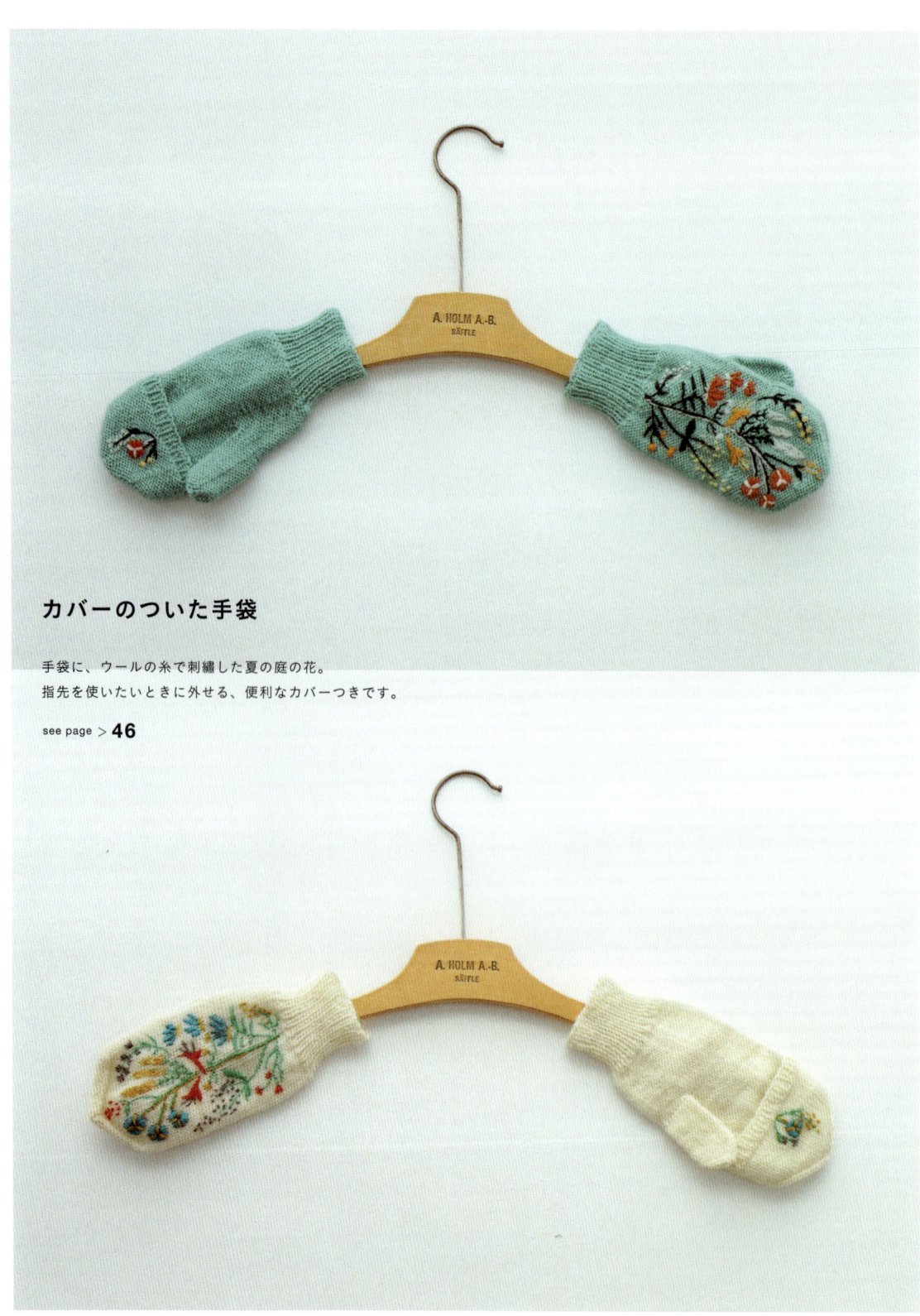

カバーのついた手袋

手袋に、ウールの糸で刺繡した夏の庭の花。
指先を使いたいときに外せる、便利なカバーつきです。

see page > **46**

手袋が片方だけ冬の道端に落ちているのを見かけることがありますね。
昔話のようにそこにねずみとかえるとうさぎときつねとおおかみといのししとくまが次々にやって来て住んでくれるのなら愉快ですが、
そうでないなら、失くさないようにこんなひもをつけるのもいいかもしれません。

see page > **46**

モヘアのカーディガン

着丈は長めで袖は手首までの、女性らしいサイズ感。
ビンテージのニットで見かけるような
花の刺繍で衿もとを飾りました。
少しくすんだピンクの糸によく合うボタンを、
押入れのストックから見つけ出したときはうれしかった！

see page > **41**

ケーブルの髪結び帽子

ケーブルを横に並べると、少しエスニックな雰囲気が漂いますね。
トップは減し目ではなく、引返し編みをしながら形作ります。
ボタンでとめるスリットから出た髪の毛を見ると、引っ張ってみたくなります。意地悪な男の子のように。

see page > **48**

耳まで暖かい帽子

アニメの中で見たパイロットがこんな帽子をかぶっていたような。
耳をすっぽり覆うワッフルのような編み地は、ハニーカムというアランの模様です。
別々に編んだパーツを3枚とじ合わせると、たまごのような形に。

see page > **50**

花の白黒ミトン

白いスカートをはいているみたい。
知人のリクエストから生まれたレースのカフのミトンは、でき上がってみるとなんだかその人に似ていました。
女の子らしく、律儀で、にぎやかで。親指の模様はカフのすぐ上の模様を縦に白黒反転させたもの。
縮みがちなレースのカフは、完成後にスチームを当てるとすっきりと形が出ますよ。

see page > **52**

星の白黒ミトン

大きな星の中に小さい星。回りにもたくさんの星。
星だらけだ〜、と、グラフ用紙のます目を鉛筆で埋めながら愉快になりました。
ミトン編みが好きなかたにはきっと気に入っていただける、
編み出したら止まらない柄だと思うのです。

see page > **54**

ヘンリーネックのベスト

ボタンでとめるウェアを作るのが好きです。
ニットに表情を添えてくれるから。
それに、前立てをきれいにつけられたときに
味わえる満足感が、たまらないのです。

see page > **56**

アランのカーディガン

一枚だけニットを持てるとしたら、
私はこんなアランのカーディガンが欲しいです。
1. あまりかっちりしていなくて、
　少しラフな軽さがあるから、着ていて楽。
2. ゆとりのあるサイズで、
　中にたくさん着込んで着ぶくれてもかわいい。
3. ケーブルの柄に個性を感じる。
そんなカーディガン。

see page > **58**

編込みポンポン帽子

こんな帽子をかぶったら、すました顔でいるのは無理ですね。
私自身大好きな形で、毎年いくつも作り、自分でもよくかぶります。
小さな柄のフェアアイルをたくさん入れたくて、最初のリブの部分は短めにしました。

see page > **64**

三角ショール

レースの三角ショールは、太めの糸で編むと繊細になりすぎず、普段の服にも合わせやすい。
最初のうちは多いと感じる目数も、表段ごとに減らしていくのでだんだん楽になってきます。
編上りが三角形になる、ということはわかっているのに、
完成した形を見ると改めて感動してしまいます。

see page > **61**

編込みレッグウォーマー

足を入れるとじーんとくるくらい暖かい、長めのレッグウォーマー。
多色のフェアアイルを編むときは、糸の始末を後でまとめてやるとすっきり仕上がります。
ストーブの中で燃える炎の色で。

see page > **70**

ケーブルの指出し手袋

指先が自由な手袋。
うねうねと続くケーブル模様のおもしろさを充分に生かしたくて、長めの丈にしました。
てのひら側の真ん中あたりに、フィット感をよくする仕掛けあり。

see page > **66**

カトラリーのミトン

はっきりした色で編み込んだスプーンとフォークの境目には、箸も。
子どもに見せたら数えはじめそう。
親指の下までゴム編みを続けているので、てのひらによくなじみます。

see page > **68**

T字形のセーター

ストンとした形の5分袖セーター。
途中で袖の作り目をする以外は、肩までまっすぐ、四角く編んでいきます。
カラフルなボーダー模様は、ぽこっとしたテクスチャーがおもしろいデイジーステッチで。
横一列に小さな花が並ぶ様子は、なかなか壮観です。

see page > **71**

ケーブルとかのこのポンチョ

自転車に乗るときに活躍しそう。
中に多少着込んでもオーケーな、
たっぷりしたポンチョです。
幅広のケーブルとかのこ模様ですっきりと。
裏メリヤス地の端の位置で減し目をしていきます。

see page > 72

フェアアイルのケープレット

肩が暖かいとほっとしませんか？
こちらはデスクワークの友になりそう。
染めていない原毛の色で編み込んだ
ひじ丈のケープレットです。
この色数分の羊に協力してもらっている、
ということですね。

see page > **74**

うろこ雲ミトン

次々と現われる色が楽しい段染め糸を使ったミトン。
ピッチの長いタイプの糸を選ぶと、
ミトンの左手と右手でずいぶん印象が違ってきておもしろいですね。
白で小さな三角を編み込むと、うろこ雲が広がる空みたいです。

see page > **76**

へちま衿のカーディガン

ラグラン袖、へちま衿、小さいポケット、
ポケットから続くトリニティステッチ。
好きな要素と編む楽しさを満載して
作ったカーディガンです。
かなりローゲージだから軽さを出したくて、
アクリル混の糸を選びました。
えもいわれず懐かしい質感ですよ。

see page > **78**

ふかふかモヘア帽子

トップがネコの耳みたいに見えるのは少し変わった作り方のせい。
平面で編んだ後、センターとサイドをとじます。
太い針でふんわりと編むので、
あっという間にでき上がりますよ。

see page > **77**

星空と木立のミトン

ヘリンボーン柄を少しずらして編み込んだら「木立」が現われた。
眺めているうちにその上をびっしりスパングルの星で埋めたくなった。
そんなふうにしてできた「夜のミトン」です。

see page > **80**

編込みのレッスン

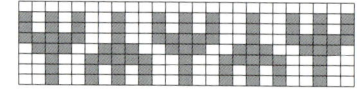

編込みの方法

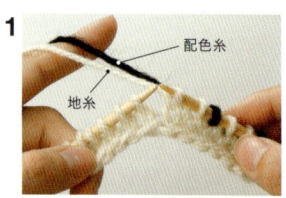

1 左手の人さし指に、地糸（白）と配色糸（黒）をかける。

2 配色糸を編むときは、地糸を下に休ませる。

3 配色糸で表目を編んだところ。

4 地糸を編むときは、配色糸を上に休ませる。

5 地糸で表目を編んだところ。

6 同じ要領で、図に従い1段編んだところ。

7 一模様編んだところ。地糸と配色糸を常に上下同じ方向に渡すと、柄がきれいに出る。

8 裏側。

裏に渡る糸が長くなるとき

裏に糸が4～5目以上渡るときに、渡り糸をとめる方法です。

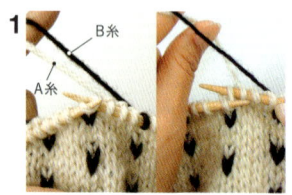

1 目に針を入れ、A糸（編む糸）をB糸（裏に渡る糸）の下に通して左手の親指で向う側へ押し込む。

2 B糸の上を通って、A糸で表目を編む。

3 次の目からは普通に編む。

4 裏側。渡り糸が編む糸によってハの字にとめられている。

地糸と配色糸のかけ方

棒針編みには、フランス式（左手に糸をかけて編む）とアメリカ式（右手に糸をかけて編む）があります。
普段編み慣れている方式によって、編込みの際の2本の糸のかけ方が異なります。
いろいろ試して、自分の編みやすい糸のかけ方を見つけてください。

左手の人さし指に地糸と配色糸をかけ、フランス式で編む。

左手の人さし指と中指に地糸と配色糸を分けてかけ、フランス式で編む。

右手の人さし指と中指に地糸と配色糸を分けてかけ、アメリカ式で編む。

地糸を左手の人さし指、配色糸を右手の人さし指にかけ、地糸はフランス式、配色糸はアメリカ式で編む。

ミトン編みのポイントレッスン

親指穴の作り方

1 親指穴の手前の目まで編んだら、親指穴の目（10目）にかぎ針を入れ、別糸を通して休める。

2 親指穴の上側に、巻き目で目を作る。編込み図案に従い、配色糸（黒）を手前から向う側に向かって針に2回巻く。

3 1つめのループをつまんで針にかぶせる。

4 かぶせたところ。糸を引き締める。

5 1目作ったところ。

6 次の目は地糸（アイボリー）で同様に作る。

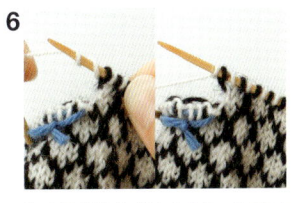

7 同じ要領で、10目作ったところ。

8 そのまま続けて編む。

親指穴の目の拾い方
ここではわかりやすいように色を変えています。

1 別糸を抜きながら、針に目を移す。

2 新たな糸を使って、親指の編込み図案に従って下側の目を編む。

3 下側の10目を編んだところ（8目編んだら2本めの針に替える）。

4 親指穴の左隣の目に針を入れ、ねじりながら1目編む。2目めも同じ要領で、ねじり目で1目編む（右図・親指の目の拾い方参照）。

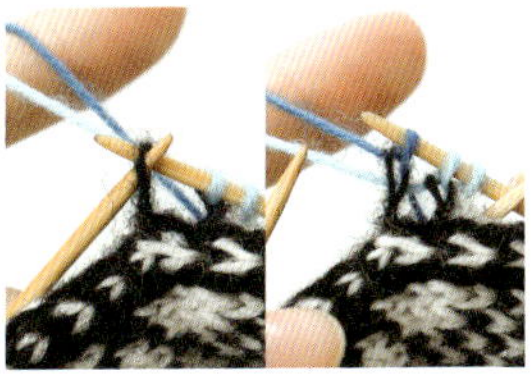

5 下の10目と上下の間の糸から2目拾ったところ。次に、上側の10目を拾う。

6 上側の目の1目め。作り目の根もとの糸2本がクロスしているところを、2本一度に針を入れて拾う。

7 1目編んだところ。

8 同じ要領で上の目を10目編んだところ。

9 4と同じ要領で、ねじり目で2目編み、全部で24目拾ったところ。

左手
てのひら側

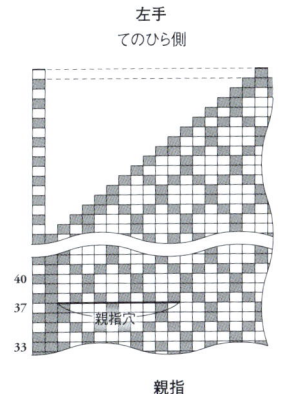

親指穴

親指

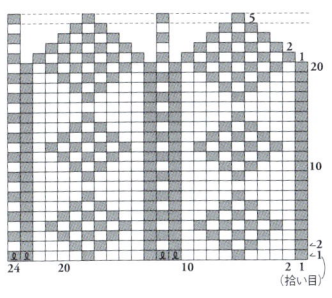

□ = | 　■ 黒　□ アイボリー

親指の目の拾い方

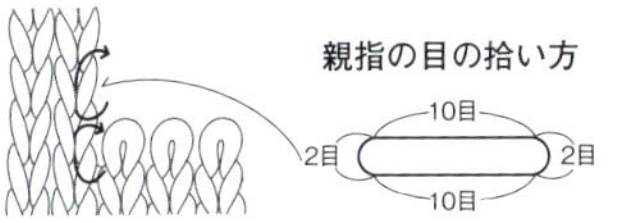

ステッチのレッスン

トリニティステッチ

「三位一体」という名前のステッチは、編出し3目と左上3目一度の繰り返し。
ぼこっとしたテクスチャーを出すために、必ず裏側でこの操作をしましょう。

1 偶数段(裏側)。左針の3目に右針を入れる。

2 3目一度に裏目を編む。左上3目一度(裏目)が編めたところ。次の目に表目を編む。

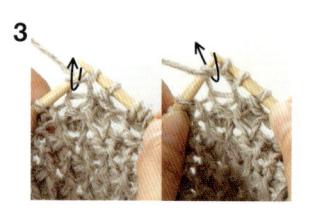

3 左針の目をかけたまま、同じ目に裏目を編む。さらに左針に目をかけたまま、同じ目に表目を編む。

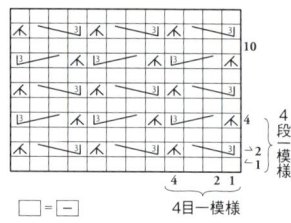

4 編出し3目が編めたところ。

5 1~4を繰り返す。

6 奇数段(表側)は、すべて裏目で編む。

□ = —

4目一模様 / 4段一模様

デイジーステッチ

記号で表わすのが難しいデイジーステッチですが、覚えてしまえば操作は簡単です。
1・2段と3・4段とで、半模様ずつずらして編み進めます。

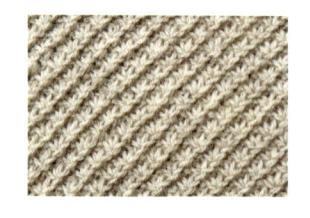

1 偶数段(裏側)。左針の3目に右針を入れる。

2 3目一度に裏目を編み、左針の目は外さないでおく。右針で向う側からすくって糸をかける。

3 かけ目をしたまま、さらに2で外さないでおいた左針の3目に右針を入れる。

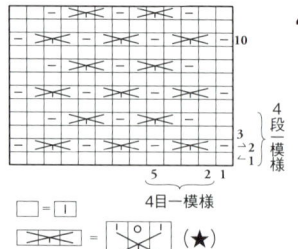

4 3目一度に裏目を編む。★の目の完成。針に3目かかっている。

5 ★(1~4)と表目1目を繰り返す。

6 奇数段(表側)は、すべて表目で編む。

□ = |

⊠ = ★

4目一模様 / 4段一模様

ケーブル針を使わない交差のレッスン

右上交差

1  右針に①と②を移す。

2 ③と④を表目で編む。

3 目の根もとを左手で押さえながら4目を右針から外す。③、④の順に右針を入れ直す。

4 右針を向う側に倒し、②、①の順に左針を入れ直す。

5 右針に③と④、左針に①と②の目がかかっている。

6 ①と②を表目で編む。

左上交差

1  右針に①と②を移す。糸を手前に渡しておく。

2 ③と④を表目で編む。

3 目の根もとを左手で押さえながら、4目を針から外す。③、④の順に右針を入れ直す。

4 右針を手前に倒し、②、①の順に左針を入れ直す。

5 右針に③と④、左針に①と②の目がかかっている。

6 ①と②を表目で編む。

ケーブル針を使う場合

右上交差

1 ①、②の目を別針に移し、手前におく。

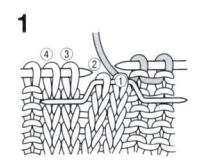

2 ③、④の目を表目で編む。

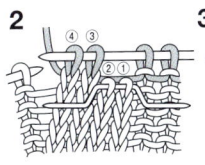

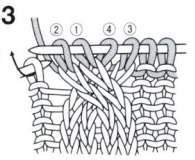

3 別針に移した①、②の目を表目で編む。

左上交差

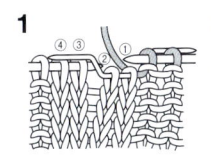

1 ①、②の目を別針に移し、向う側におく。

2 ③、④の目を表目で編む。

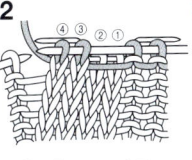

3 別針に移した①、②の目を表目で編む。

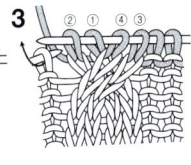

INDEX

WEAR

page 04/44
page 08/41
page 14/56
page 15/58

page 24/71
page 30/78

MITTENS & GLOVES

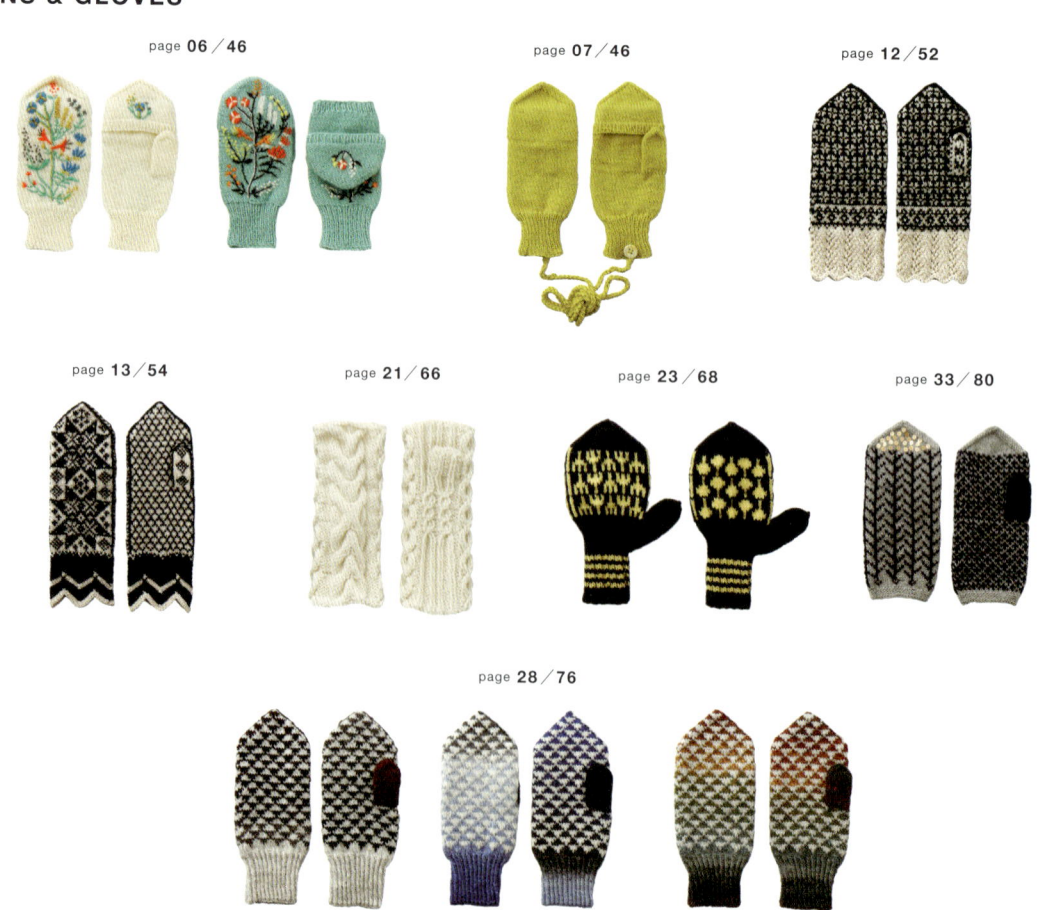

page 06/46
page 07/46
page 12/52

page 13/54
page 21/66
page 23/68
page 33/80

page 28/76

SHAWL & PONCHO & CAPELET

page 18／61　　page 26／72　　page 27／74

LEGWEAR

page 20／70

CAP

page 10／48　　page 11／50　　page 32／77　　page 14,16／64

この本で使用している糸

- エクセレントモヘア〈カウント10〉／ⓡ
  太さ … 極細
  品質 … スーパーキッドモヘヤ71％
  　　　　ラムウール5％
  　　　　ナイロン24％
  仕立て … 20g玉巻き（約200m）

- オステルヨートランド
  単色・多色染め／ⓞ
  太さ … 合太
  品質 … ウール100％
  仕立て … 100g玉巻き（約300m）

- キッドモヘアファイン／ⓟ
  太さ … 極細
  品質 … モヘヤ79％
  　　　　ナイロン21％
  仕立て … 25g玉巻き（約225m）

- シェットランド／ⓟ
  太さ … 並太
  品質 … ウール100％
  　　　　（英国羊毛100％使用）
  仕立て … 40g玉巻き（約90m）

- 純毛中細／ⓗ
  太さ … 中細
  品質 … ウール100％
  仕立て … 40g玉巻き（約160m）

- スペクトルモデム／ⓡ
  太さ … 極太
  品質 … ウール100％
  仕立て … 40g玉巻き（約80m）

- ソノモノアルパカウール／ⓗ
  太さ … 極太
  品質 … ウール60％
  　　　　アルパカ40％
  仕立て … 40g玉巻き（約60m）

- ソノモノアルパカウール《並太》／ⓗ
  太さ … 並太
  品質 … ウール60％
  　　　　アルパカ40％
  仕立て … 40g玉巻き（約92m）

- パーセント／ⓡ
  太さ … 合太
  品質 … ウール100％
  仕立て … 40g玉巻き（約120m）

- ブリティッシュエロイカ／ⓟ
  太さ … 極太
  品質 … ウール100％
  　　　　（英国羊毛50％以上使用）
  仕立て … 50g玉巻き（約83m）

- ミニスポーツ／ⓟ
  太さ … 極太
  品質 … ウール100％
  仕立て … 50g玉巻き（約72m）

- わんぱくデニス／ⓗ
  太さ … 並太
  品質 … アクリル70％
  　　　　ウール30％
  　　　　（防縮加工ウール使用）
  仕立て … 50g玉巻き（約120m）

ⓗハマナカ　ⓞオステルヨートランド　ⓟパピー　ⓡリッチモア

毛糸に関するお問合せ先は、88ページをごらんください。商品情報は、2010年8月現在のものです。

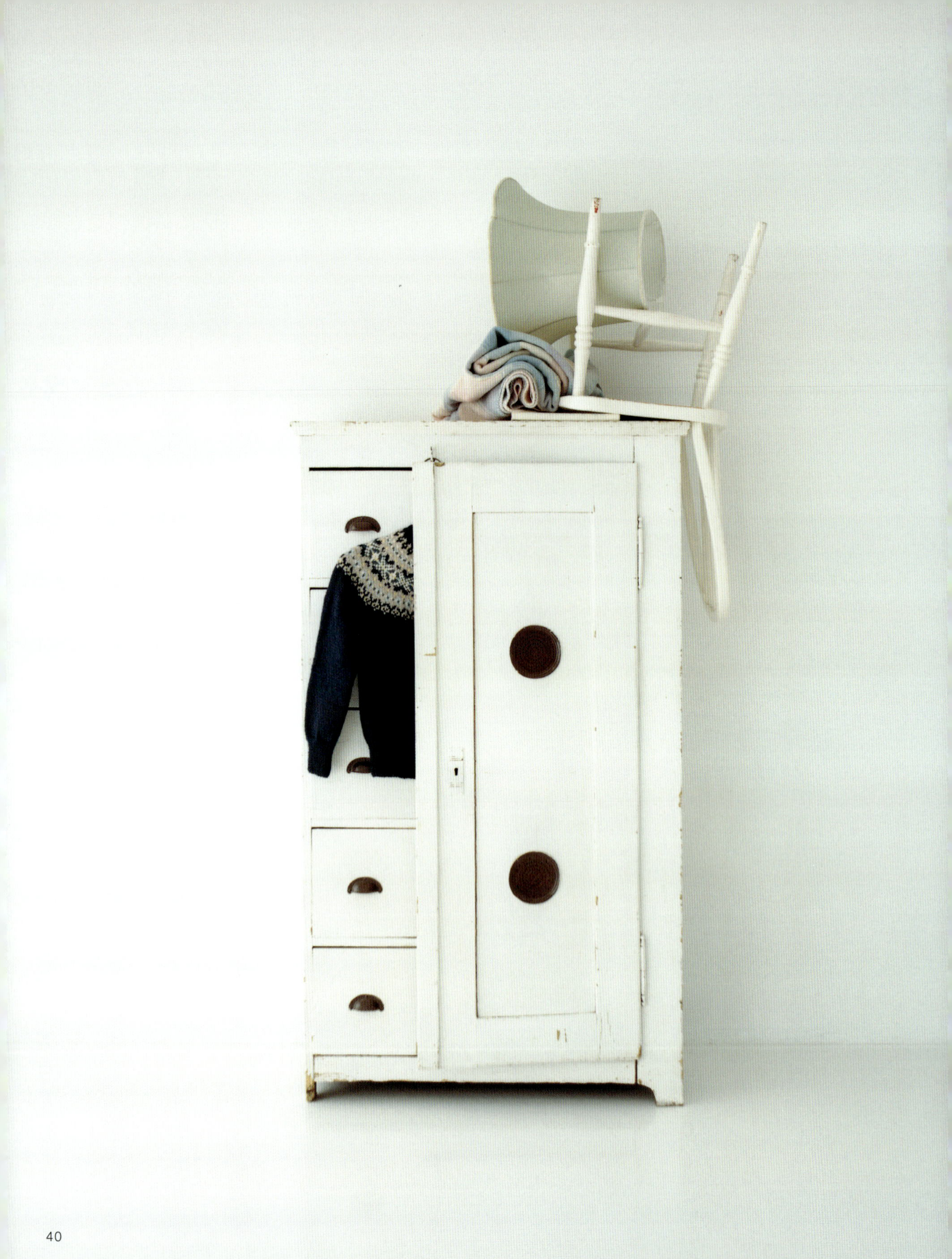

page08 モヘアのカーディガン

[糸] パピー キッドモヘアファイン
　　　ピンクベージュ（3）250g
[用具] 12号2本棒針　7/0号かぎ針　刺繍針
[その他] アップルトン クルウェルウール
　　　オフホワイト（991）、濃ピンク（947）、
　　　ピンク（755）、茶色（185）、グレー（965）、
　　　グリーン（525）各少々
　　　直径0.9cmのボタン9個
[ゲージ] メリヤス編み　16目22段が10cm四方
[サイズ] 胸回り93cm、着丈（肩から）63.5cm、
　　　背肩幅30cm、袖丈49cm
[編み方] 糸は3本どりで編みます。

前後身頃、袖は指に糸をかける方法で作り目し、12号針でメリヤス編みを図のように編みますが、前身頃のポケットあきには別糸を編み込みます。ポケットあきの別糸を抜いて目を拾い、ポケット口にガーター編みを編み、ポケット裏をメリヤス編みで編み、それぞれ身頃にとじつけます。肩は引抜きはぎをし、脇と袖下はすくいとじをします。袖口と、裾から前端、衿ぐりに続けて7/0号針で細編みを編みますが、右前にはボタン穴をあけながら編みます。袖を引抜きとじでつけます。刺繍位置に刺繍をします。ボタンをつけます。

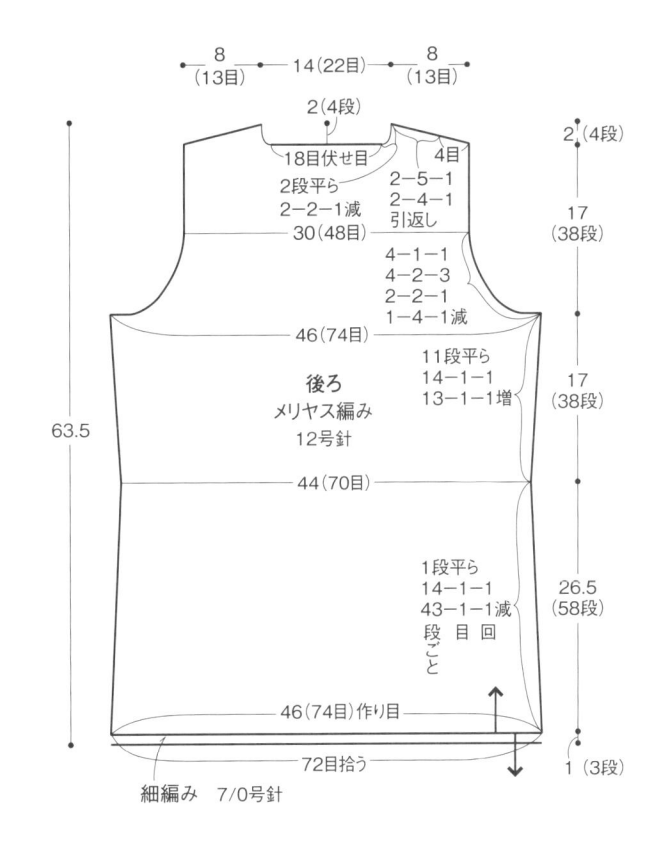

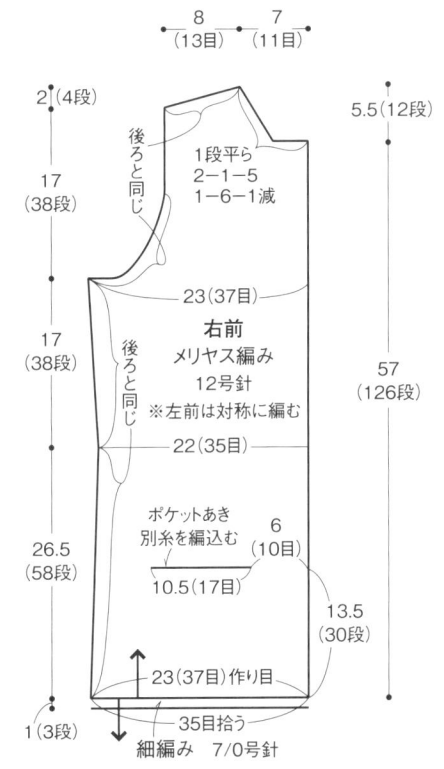

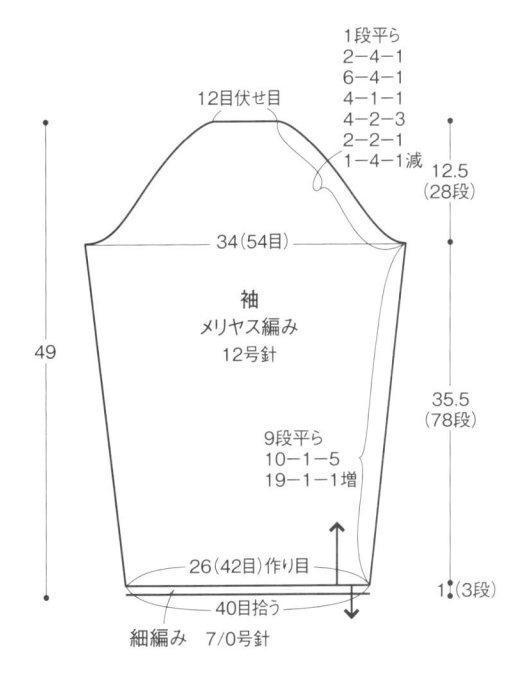

後ろ メリヤス編み 12号針

- 8(13目) ・ 14(22目) ・ 8(13目)
- 2(4段)　18目伏せ目
- 2(4段)　4段
- 2段平ら　2-5-1
- 2-2-1減　2-4-1
- 　　　　引返し
- 30(48目)
- 4-1-1
- 4-2-3
- 2-2-1減
- 1-4-1減
- 46(74目)
- 11段平ら
- 14-1-1
- 13-1-1増
- 17(38段)
- 17(38段)
- 44(70目)
- 1段平ら
- 14-1-1
- 43-1-1減
- 段目回ごと
- 26.5(58段)
- 46(74目)作り目
- 72目拾う　細編み 7/0号針
- 63.5
- 1(3段)

右前 メリヤス編み 12号針
※左前は対称に編む

- 8(13目) ・ 7(11目)
- 2(4段)
- 後ろと同じ
- 1段平ら
- 2-1-5
- 1-6-1減
- 17(38段)
- 23(37目)
- 5.5(12段)
- 後ろと同じ
- 17(38段)
- 22(35目)
- 57(126段)
- 26.5(58段)
- ポケットあき　別糸を編込む
- 6(10目)
- 10.5(17目)
- 13.5(30段)
- 23(37目)作り目
- 35目拾う　細編み 7/0号針
- 1(3段)

袖 メリヤス編み 12号針

- 12目伏せ目
- 1段平ら
- 2-4-1
- 6-4-1
- 4-1-1
- 4-2-3
- 2-2-1
- 1-4-1減
- 34(54目)
- 12.5(28段)
- 49
- 35.5(78段)
- 9段平ら
- 10-1-5
- 19-1-1増
- 26(42目)作り目
- 40目拾う　細編み 7/0号針
- 1(3段)

後ろ身頃の編み方

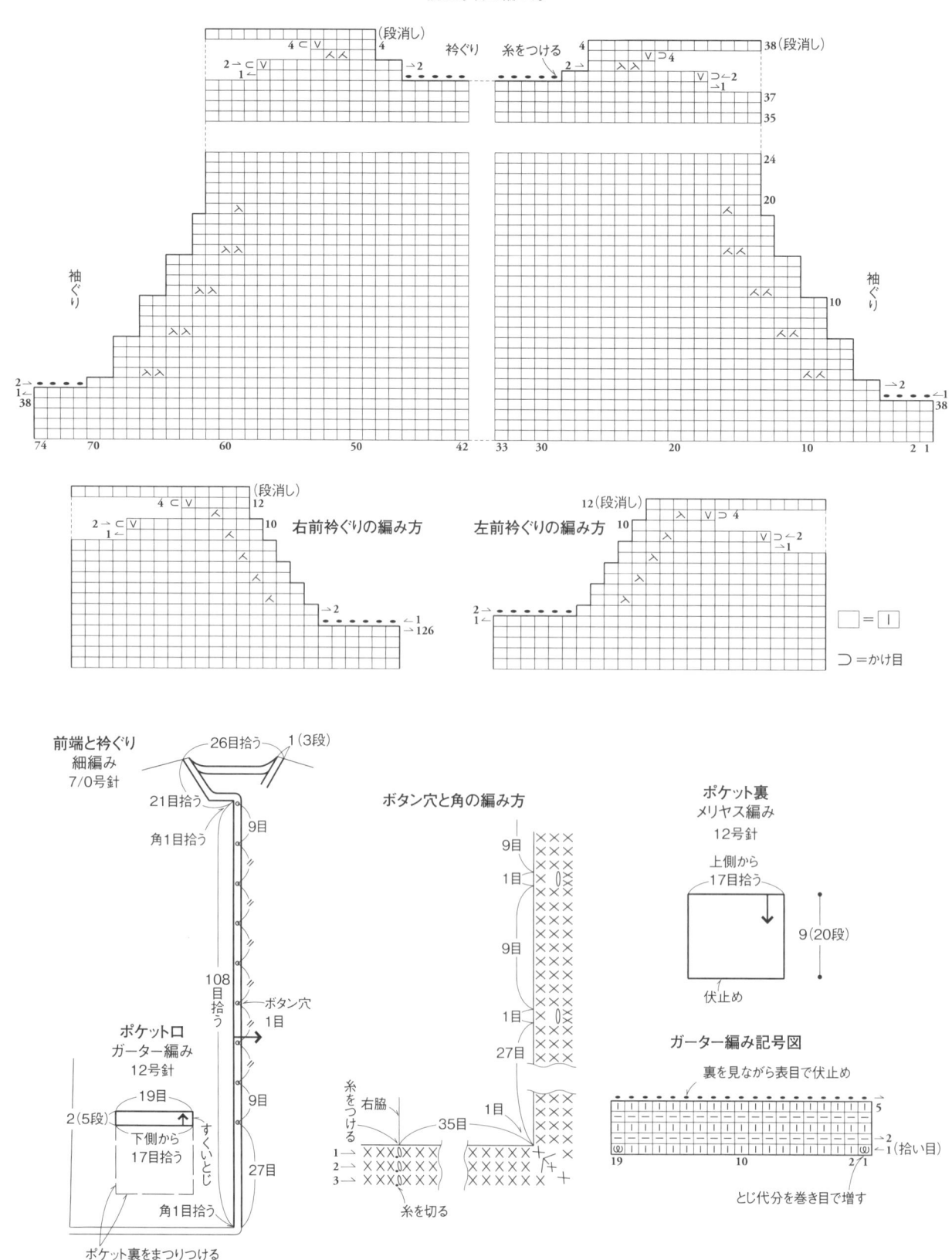

右前衿ぐりの編み方

左前衿ぐりの編み方

前端と衿ぐり
細編み
7/0号針

ボタン穴と角の編み方

ポケット裏
メリヤス編み
12号針

ポケット口
ガーター編み
12号針

ガーター編み記号図

□ = |
⌒ = かけ目

1/2 刺繍図案

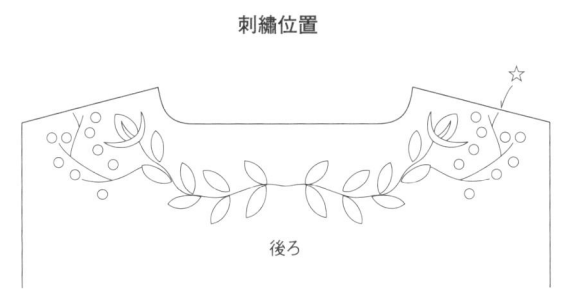

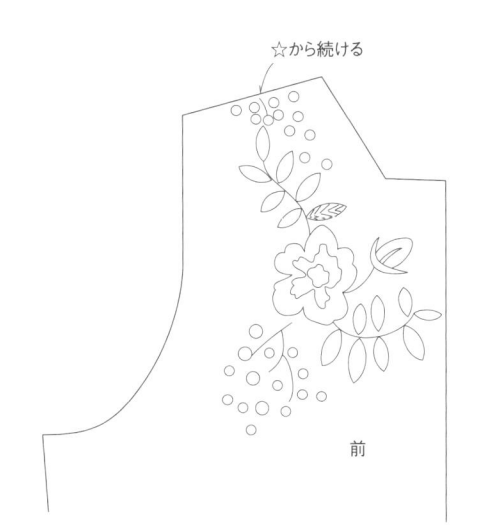

刺繍位置

・200%に拡大して使用する
・指定以外は1本どり

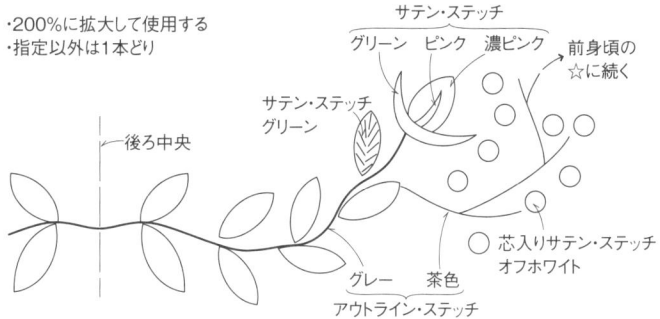

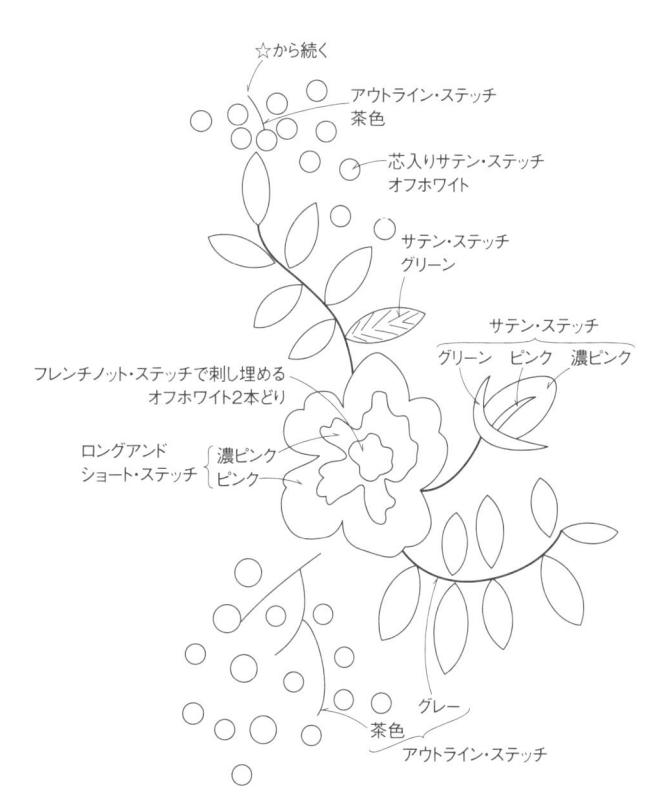

後ろ

☆から続ける

前

後ろ中央

サテン・ステッチ
グリーン ピンク 濃ピンク

サテン・ステッチ
グリーン

前身頃の☆に続く

芯入りサテン・ステッチ
オフホワイト

グレー 茶色
アウトライン・ステッチ

☆から続く

アウトライン・ステッチ
茶色

芯入りサテン・ステッチ
オフホワイト

サテン・ステッチ
グリーン

サテン・ステッチ
グリーン ピンク 濃ピンク

フレンチノット・ステッチで刺し埋める
オフホワイト2本どり

ロングアンド
ショート・ステッチ
濃ピンク
ピンク

グレー
茶色
アウトライン・ステッチ

刺繍の基礎

ニットに刺繍をする場合
1. 柔らかい薄紙に、指定の倍率で拡大した図案を写します。
2. 薄紙をしつけ糸でニットに固定し、紙の上から針を刺して刺繍をします。
3. 刺し終わったら、残った紙を取り除きます。
薄紙は、ピーシングペーパー(裏面に接着剤がついている紙)でも代用できます。

アウトライン・ステッチ

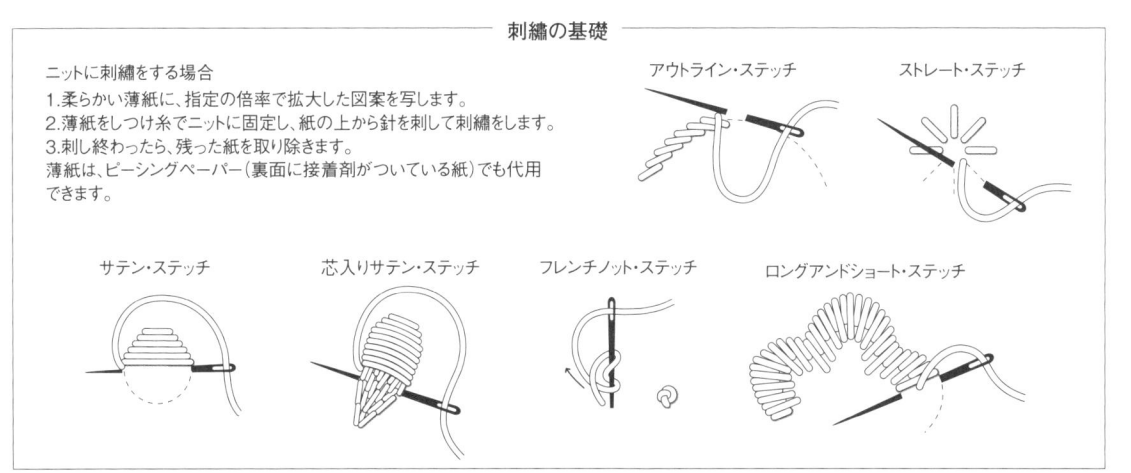

ストレート・ステッチ

サテン・ステッチ

芯入りサテン・ステッチ

フレンチノット・ステッチ

ロングアンドショート・ステッチ

page04 フェアアイルヨークのセーター

[糸]　　パピー シェットランド
　　　　紺（20）330g、サンドベージュ（7）35g、白（8）、モスグリーン（11）各10g、水色（9）、黄色（39）各5g
[用具]　6号、7号2本棒針、7号輪針（80cm）、7号4本棒針または輪針（40cm）、6号4本棒針
[ゲージ]　メリヤス編み　21目28段が10cm四方　メリヤス編みの編込み模様　21目27.5段が10cm四方
[サイズ]　胸回り96cm、着丈（肩から）53cm、ゆき丈69.5cm
[編み方]　糸は1本どりで、指定以外は紺で編みます。

前後身頃と袖は、指に糸をかける方法で作り目し、6号針でねじり1目ゴム編みを編みます。7号針に替え、メリヤス編みで図のように編み、目を休めます。身頃と袖の9目休み目をメリヤスはぎし、合い印の目と段をはぎ合わせ、身頃と袖から拾い目してヨークを輪に編みます。ヨークは編込み模様（p.34参照）を全体で減らしながら図のように編み、続けて衿ぐりにねじり1目ゴム編みを編み、伏止めをします。脇と袖下をすくいとじします。

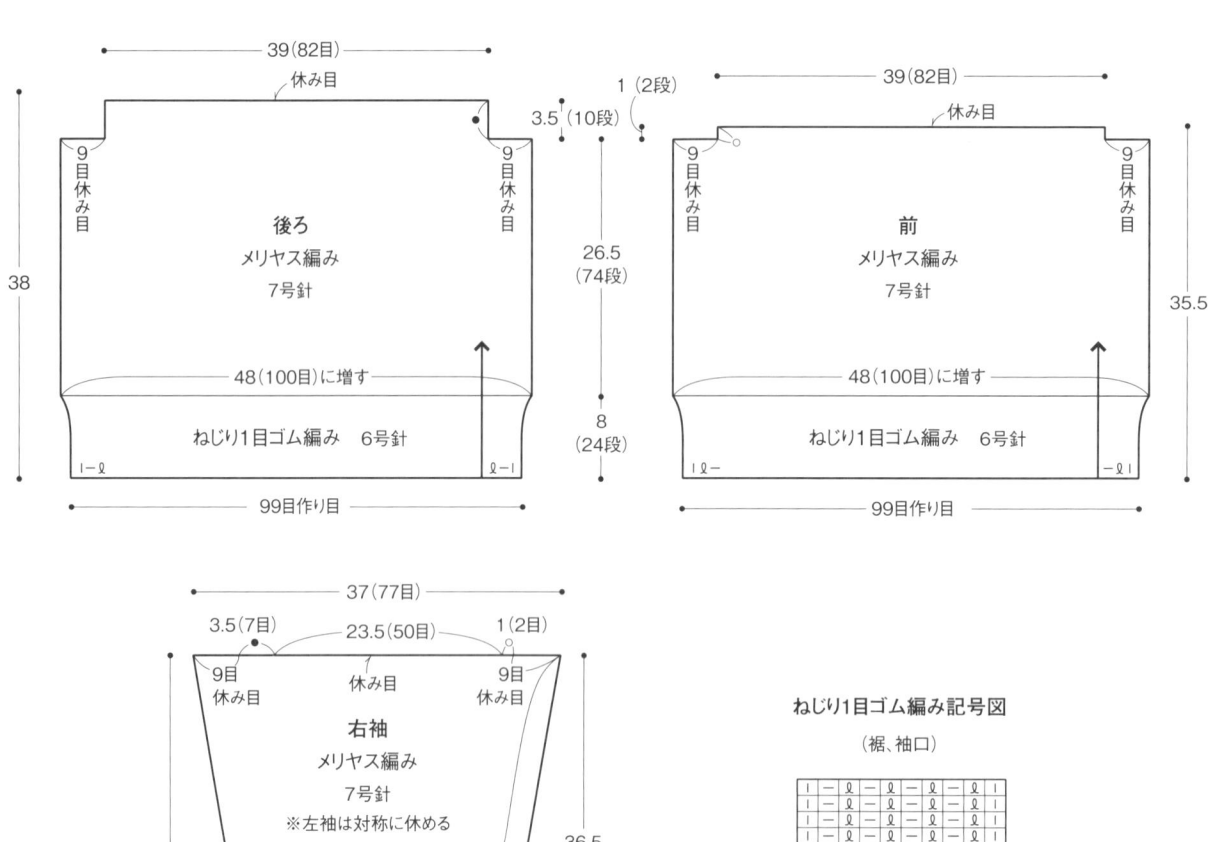

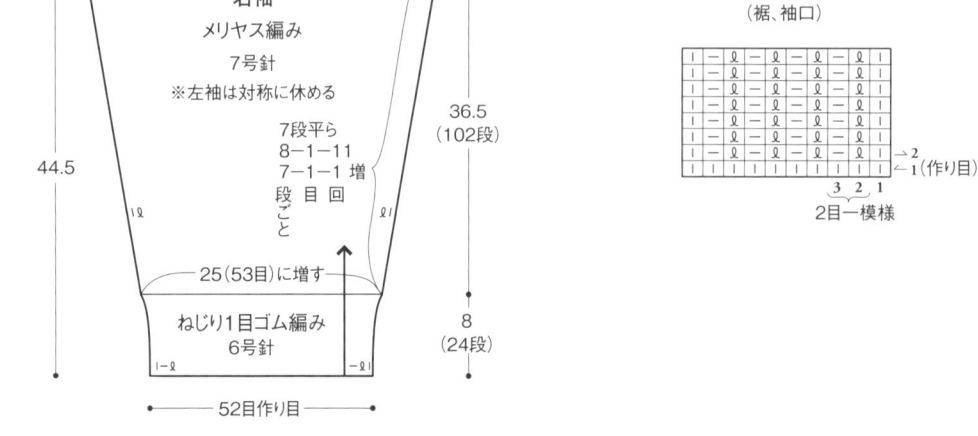

ヨーク
メリヤス編みの編込み模様
7号輪針(80cm)と4本針または輪針(40cm)

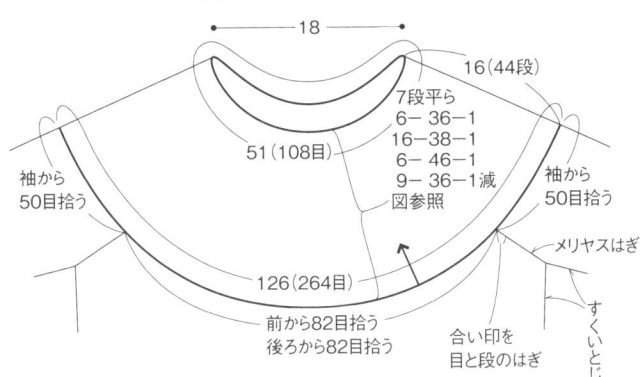

- 18
- 16(44段)
- 7段平ら
- 6-36-1
- 16-38-1
- 6-46-1
- 9-36-1減
- 図参照
- 51(108目)
- 袖から50目拾う
- 126(264目)
- 前から82目拾う
- 後ろから82目拾う
- 合い印を目と段のはぎ
- メリヤスはぎ
- すくいとじ

※左袖から拾い始める

衿ぐり
ねじり1目ゴム編み　6号針

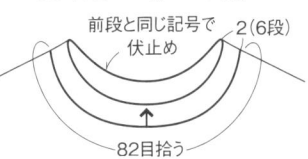

- 前段と同じ記号で伏止め
- 2(6段)
- 82目拾う

ねじり1目ゴム編み記号図
(衿ぐり)

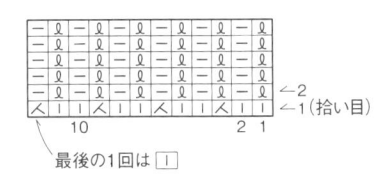

最後の1回は □

ヨークの編み方

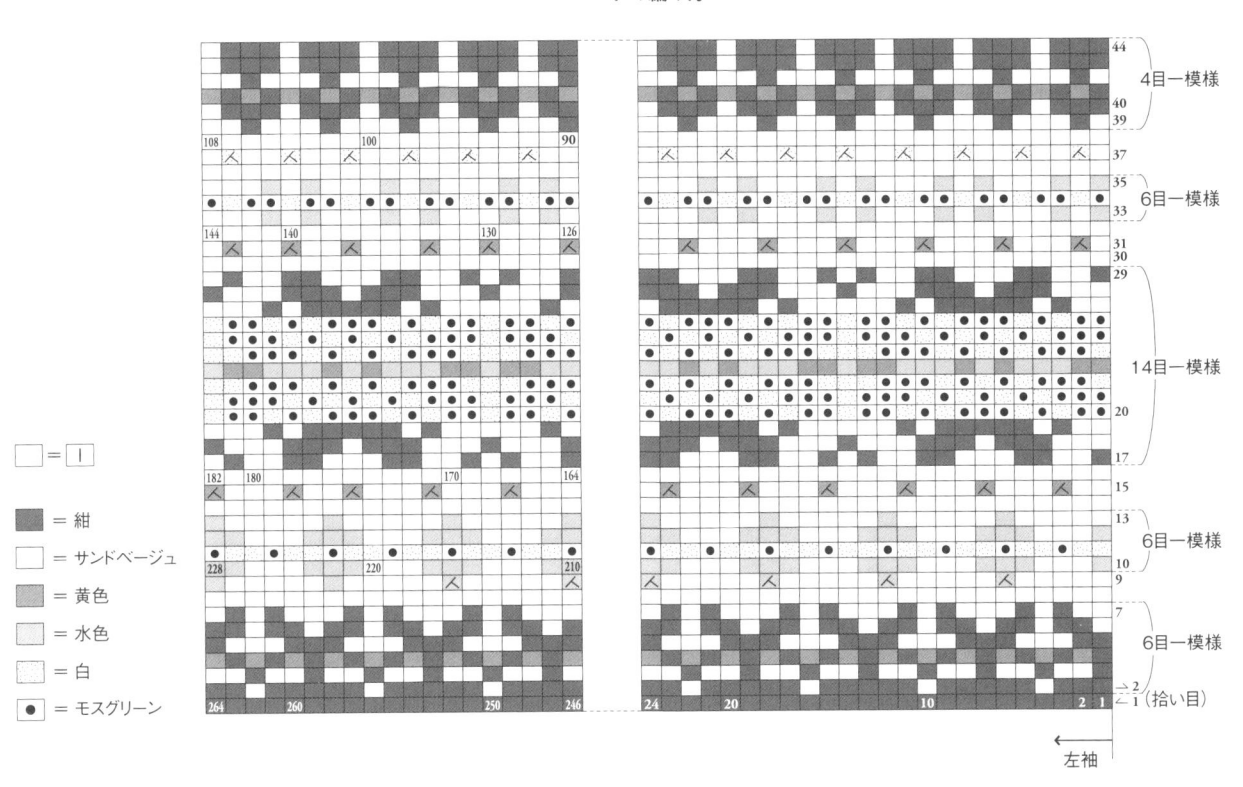

凡例:
- □ = │
- ■ = 紺
- □ = サンドベージュ
- ▨ = 黄色
- ▤ = 水色
- ▦ = 白
- ● = モスグリーン

← 左袖

ヨークの減し方

段数	減し目		目数
38～44段め			108目(27模様)
37段め	2目ごと1目減×1回、3目ごと1目減×35回、1目	36目減	108目
32～36段め			144目(24模様)
31段め	2目ごと1目減×1回、4目ごと1目減×25回、(3目ごと1目減と4目ごと1目減)×5回、3目ごと1目減×2回、1目	38目減	144目
16～30段め			182目(13模様)
15段め	3目ごと1目減×1回、4目ごと1目減×43回、3目ごと1目減×1回、4目ごと1目減×1回	46目減	182目
10～14段め			228目(38模様)
9段め	6目ごと1目減×36回、12目	36目減	228目
1～8段め			264目(44模様)

page06 カバーのついた手袋

p.06下をA、p.06上をB、p.07をCとします。

[糸] リッチモア パーセント　A オフホワイト（2）55g　B ミントグリーン（35）55g　C からし色（14）60g
[用具] 3号、4号4本棒針　刺繍針（A、Bのみ）　6/0号かぎ針（Cのみ）
[その他] アップルトン クルウェルウール
　　　　A グリーン（434）、山吹色（311）、ブルー（485）、赤（501）、チャコールグレー（965）各少々
　　　　B 紺（852）、オフホワイト（991）、朱色（444）、オレンジ色（557）、黄色（552）各少々
　　　　C 直径1.6cmのボタン 2個
[ゲージ] A、C メリヤス編み、B 裏メリヤス編み　26目38段が10cm四方
[サイズ] てのひら回り20cm、長さ21.5cm
[編み方] 糸は1本どりで編みます。指定以外はA、C、＜ ＞内はB。

指に糸をかける方法で44目作り目して輪にし、3号針で1目ゴム編みを編みます。4号針に替え、48目に増し、メリヤス編み＜裏メリヤス編み＞を編みますが、指定の位置で増し目をして親指のまちを作り、親指穴の下側は別糸を通して目を休め、上側は目を作ります（p.35参照）。続けてメリヤス編み＜裏メリヤス編み＞と1目ゴム編みを編み、伏止めをします。指カバーは★印から26目拾い目し、てのひら側で針にかかった目から編み出す方法で26目作り目して輪にし、指先を図のように減らし、残った4目に糸を通して絞ります。別糸を抜いて目を拾い、親指をメリヤス編み＜裏メリヤス編み＞で編みます。右手は対称に編みます。AとBは、甲側と指カバーに刺繍をします（p.43参照）。Cはひもを編み、ボタンをつけます。

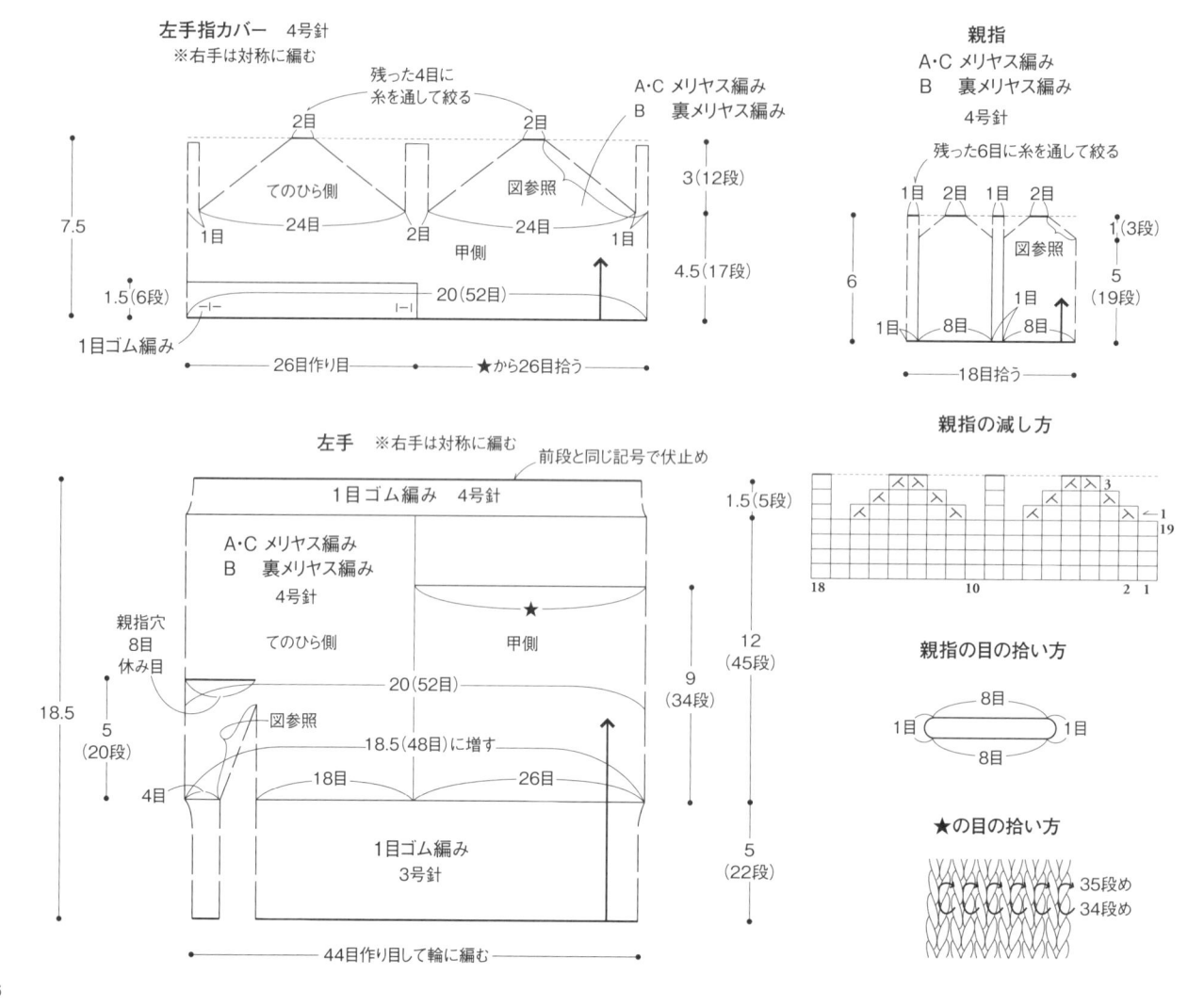

指カバーの減し方

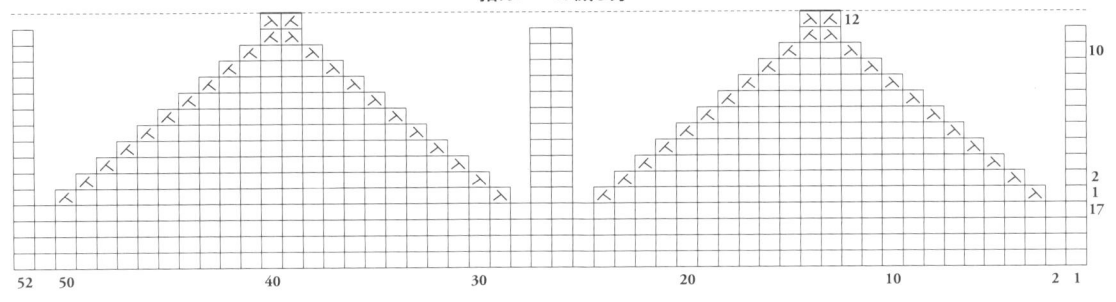

親指下の増し方

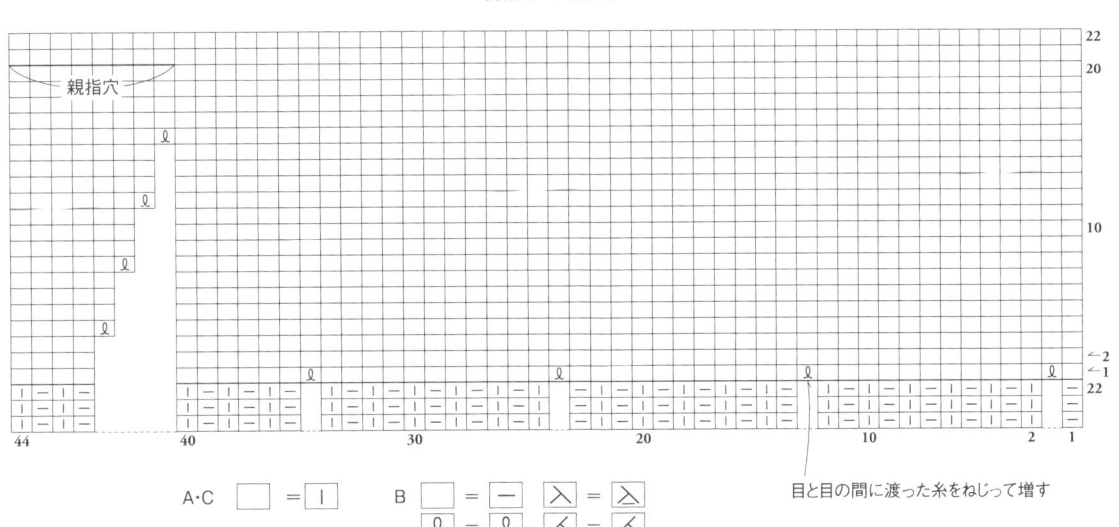

親指穴

目と目の間に渡った糸をねじって増す

A・C □ = | 　B □ = －　 入 = 入
　　　　　　　　 ℓ = ℓ　 人 = 人

A・B1/2刺繍図案（左手） ※右手は対称に刺す
・200%に拡大して使用する　・指定以外はA、（ ）内はB　・指定以外は糸1本どり　・S=ステッチの略　・刺繍の基礎はp.43

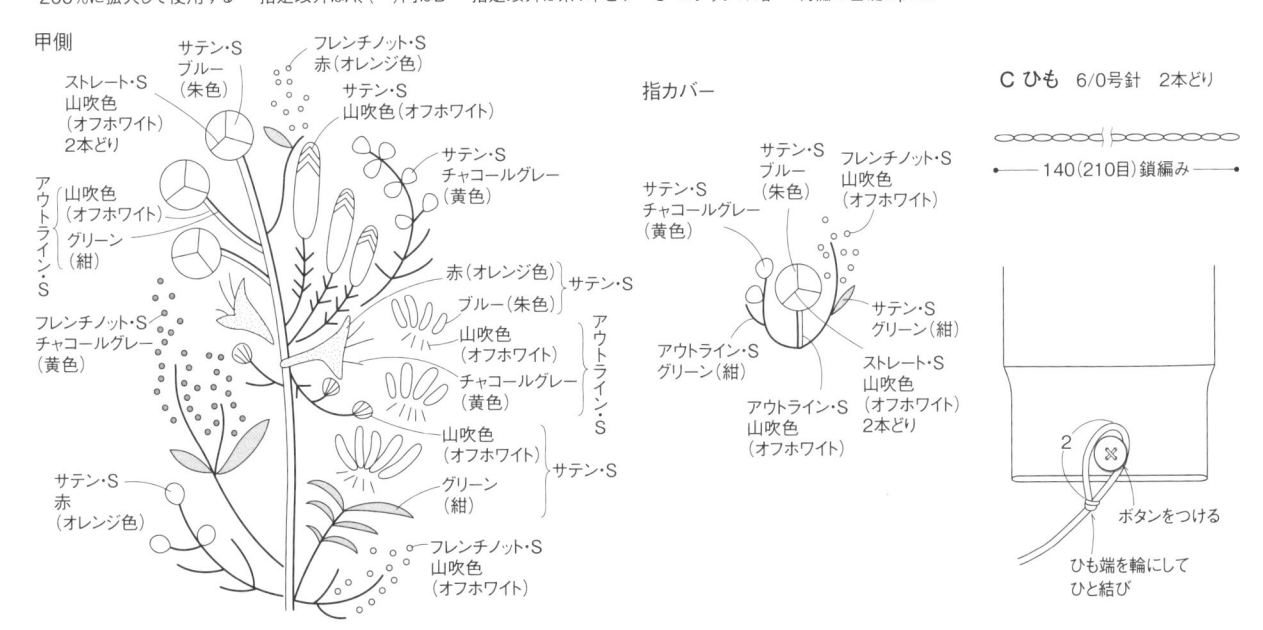

甲側

ストレート・S
山吹色
（オフホワイト）
2本どり

サテン・S
ブルー
（朱色）

フレンチノット・S
赤（オレンジ色）

サテン・S
山吹色
（オフホワイト）

山吹色
（オフホワイト）

サテン・S
チャコールグレー
（黄色）

アウトライン・S
グリーン
（紺）

フレンチノット・S
チャコールグレー
（黄色）

赤（オレンジ色）
ブルー（朱色）

サテン・S

山吹色
（オフホワイト）
チャコールグレー
（黄色）

アウトライン・S

山吹色
（オフホワイト）

サテン・S

グリーン
（紺）

フレンチノット・S
山吹色
（オフホワイト）

サテン・S
赤
（オレンジ色）

指カバー

サテン・S
ブルー
（朱色）

フレンチノット・S
山吹色
（オフホワイト）

サテン・S
チャコールグレー
（黄色）

アウトライン・S
グリーン
（紺）

サテン・S
グリーン
（紺）

ストレート・S
山吹色
（オフホワイト）
2本どり

C ひも 6/0号針　2本どり

——140（210目）鎖編み——

ボタンをつける
ひも端を輪にして
ひと結び

47

page10 ケーブルの髪結び帽子

- [糸] パピー ブリティッシュエロイカ
  生成り（125）80g
- [用具] 9号2本棒針
- [その他] 1.5cm四方のボタン1個
- [ゲージ] 模様編み 19目28段が10cm四方
- [サイズ] 頭回り50cm、深さ24cm
- [編み方] 糸は1本どりで編みます。

指に糸をかける方法で46目作り目し、模様編みを編みます。7段でボタン穴をあけ、トップ側で引返し編みをしながら図のように140段編み、伏止めをします。編始めと編終りを合わせ、あき止りから上をメリヤスはぎします。トップの14段に糸を通して絞ります。ボタンをつけます。

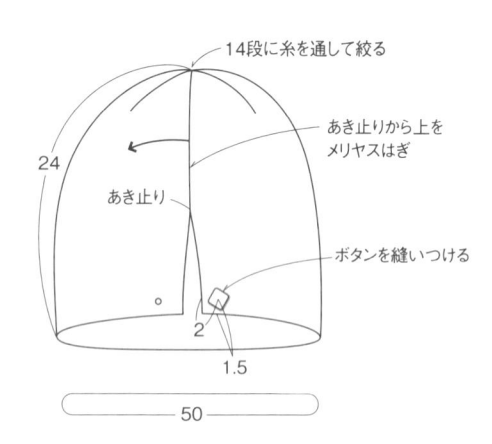

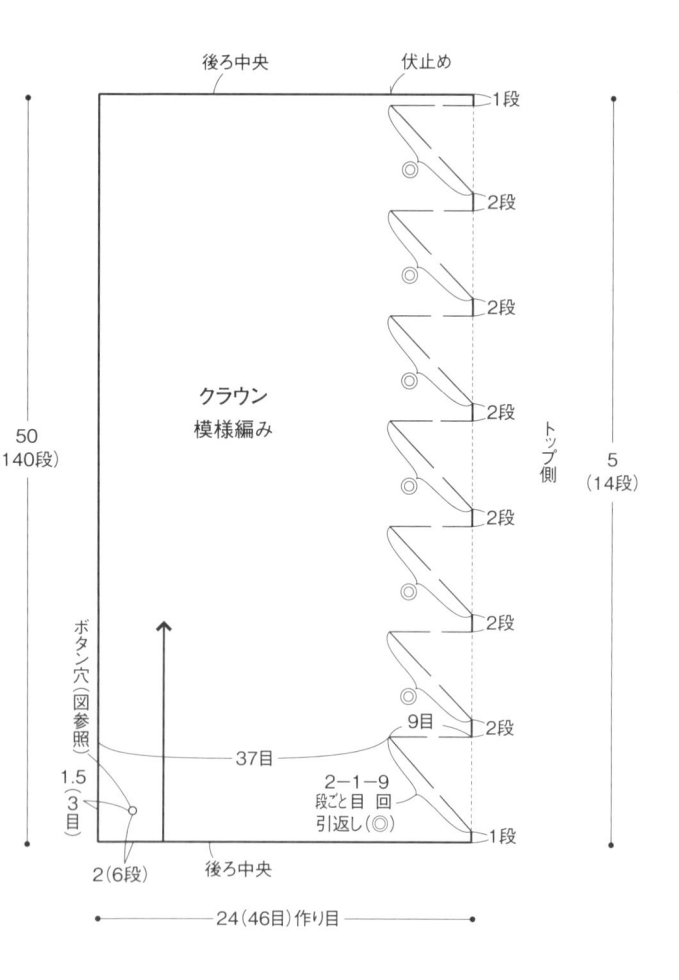

引返し編みの編み方

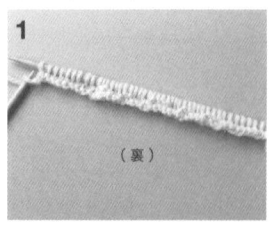

1 2段め編終り。1目編み残す。

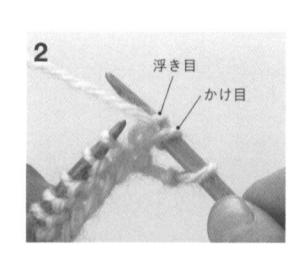

2 3段め。表に返し、かけ目と浮き目（裏目）をする。

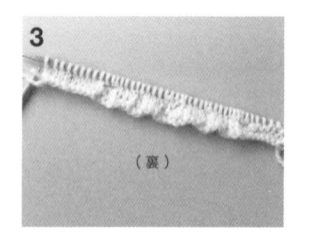

3 4段め編終り。同様に編み残す。

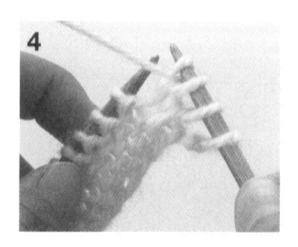

4 5段め。表に返し、かけ目と浮き目をする。

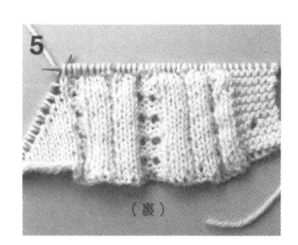

5 同じ要領で、19段編む。20段めで段消しをする。浮き目をした目まで編む。

6 かけ目と次の目（ここでは浮き目）を左上2目一度で編む。

7 2目一度を編んだところ。

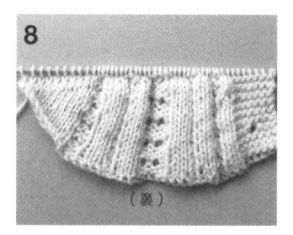

8 同様に2目一度を繰り返し、段消しが終わったところ。

模様編みとトップの減し方

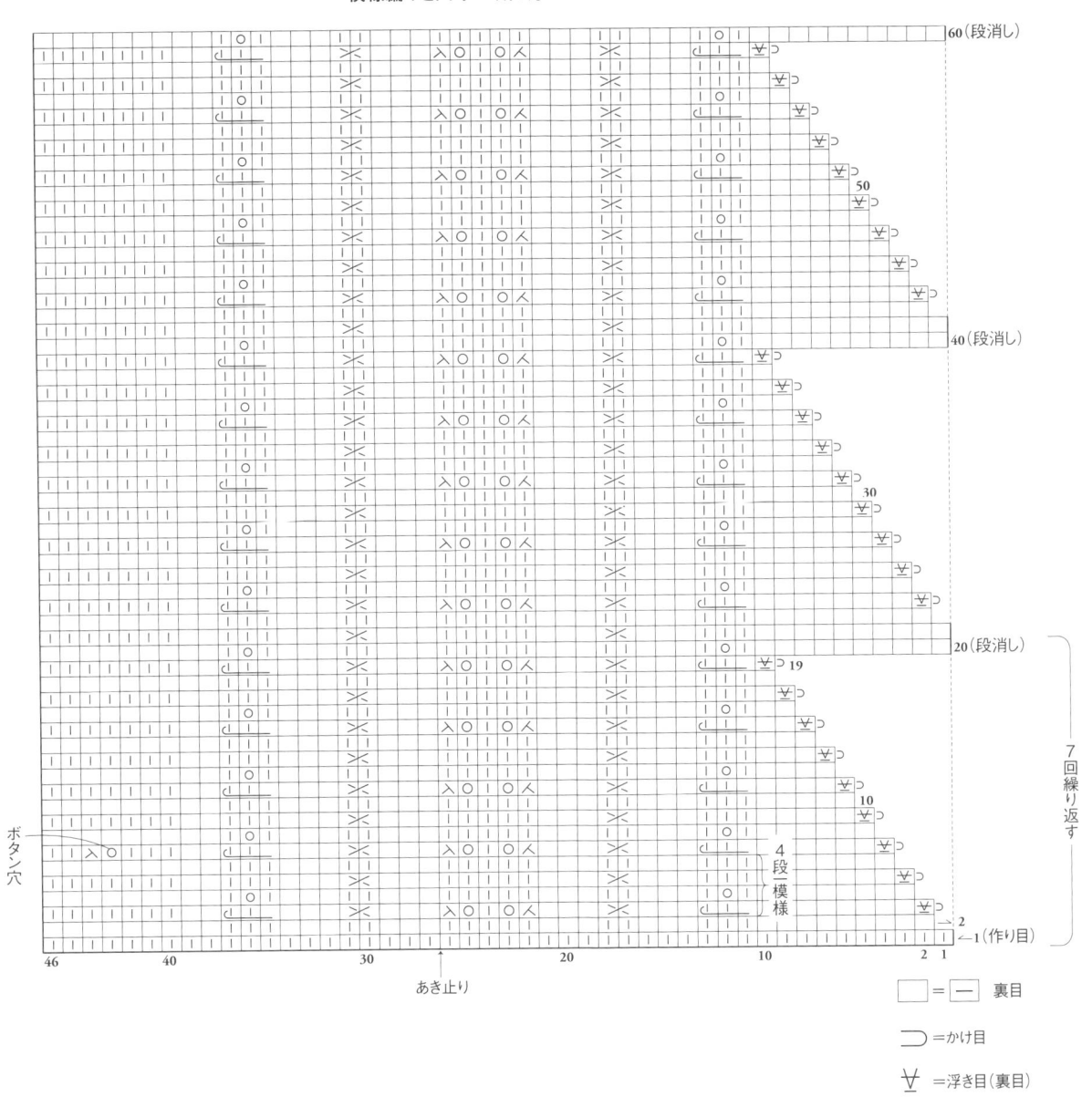

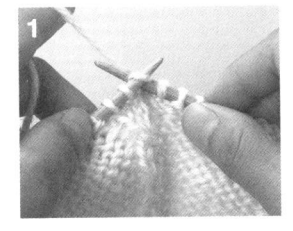

□ = ― 裏目
⌒ = かけ目
∀ = 浮き目（裏目）

⌒│┃│ の編み方

1 糸を向う側におき、左針の目に右針を手前から入れて編まずに移す。

2 次の目を表目で編む。

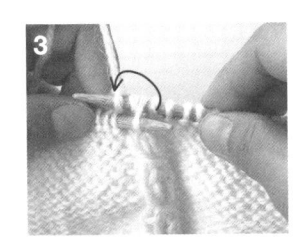

3 その次の目も表目で編み、1で移した目に左針を入れ、2目にかぶせる。

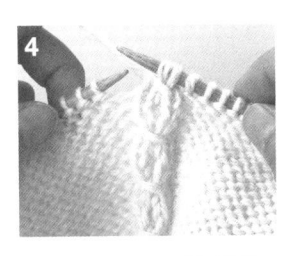

4 かぶせたところ。3目が2目に減る。

page11 耳まで暖かい帽子

- [糸] パピー ミニスポーツ グレー(660)100g
- [用具] 10号2本、4本棒針
- [ゲージ] 模様編みA 23目24段が10cm四方 模様編みB 24目24段が10cm四方
- [サイズ] 頭回り52cm、深さは図参照
- [編み方] 糸は1本どりで編みます。

センター、サイドともに指に糸をかける方法で作り目し、10号2本針でそれぞれ模様編みA、Bを図のように増減しながら編み、編終りは伏止めをします。センターとサイドをすくいとじして、10号4本針で縁回りをねじり1目ゴム編みで輪に編み、編終りは伏止めをします。

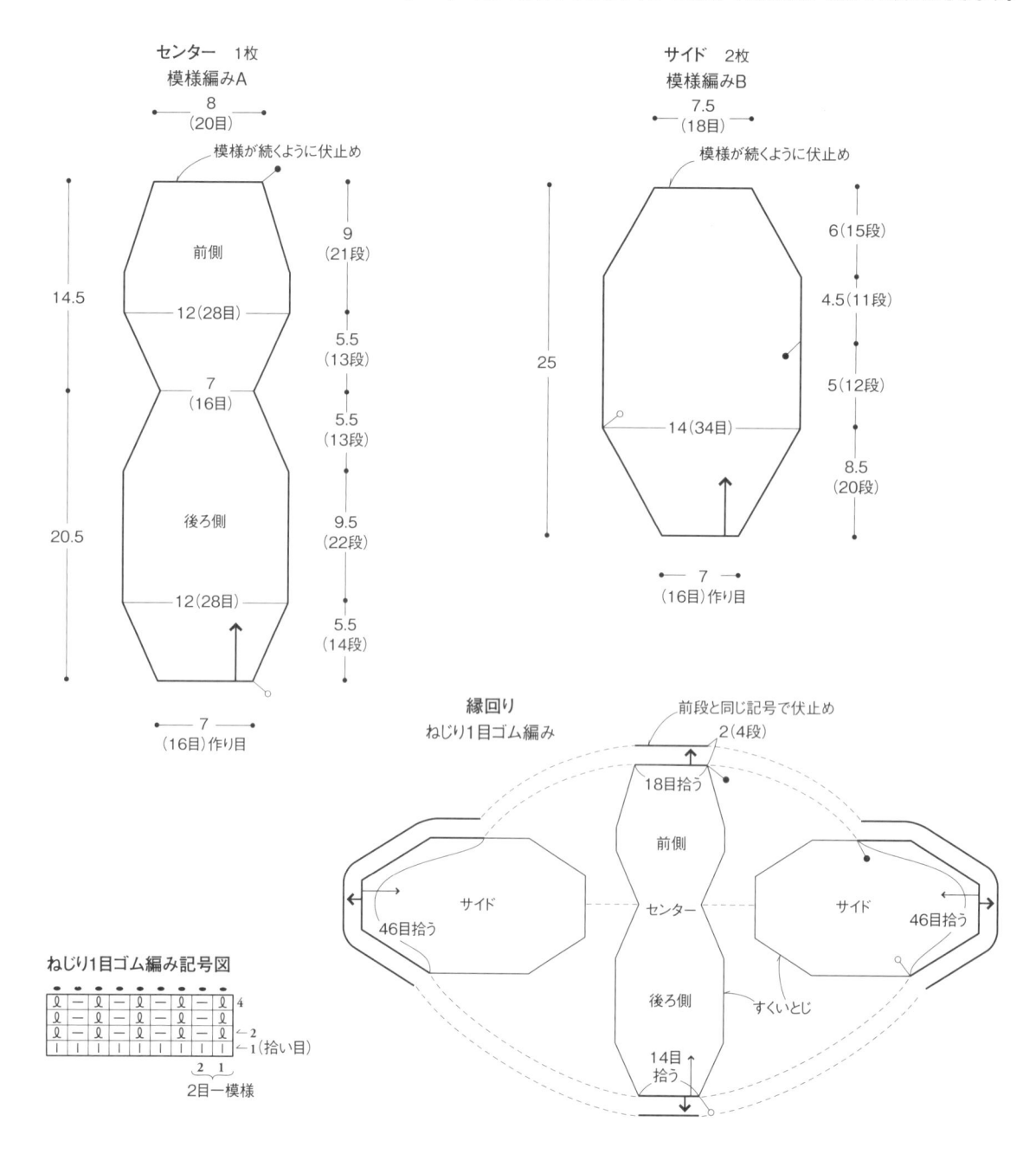

センター 1枚
模様編みA
8(20目)
模様が続くように伏止め
前側
14.5
12(28目)
9(21段)
5.5(13段)
7(16目)
5.5(13段)
後ろ側
20.5
12(28目)
9.5(22段)
5.5(14段)
7(16目)作り目

サイド 2枚
模様編みB
7.5(18目)
模様が続くように伏止め
25
6(15段)
4.5(11段)
14(34目)
5(12段)
8.5(20段)
7(16目)作り目

縁回り
ねじり1目ゴム編み
前段と同じ記号で伏止め
2(4段)
18目拾う
前側
サイド センター サイド
46目拾う 46目拾う
後ろ側
すくいとじ
14目拾う

ねじり1目ゴム編み記号図
2目一模様
1(拾い目)

センターの編み方
模様編みA

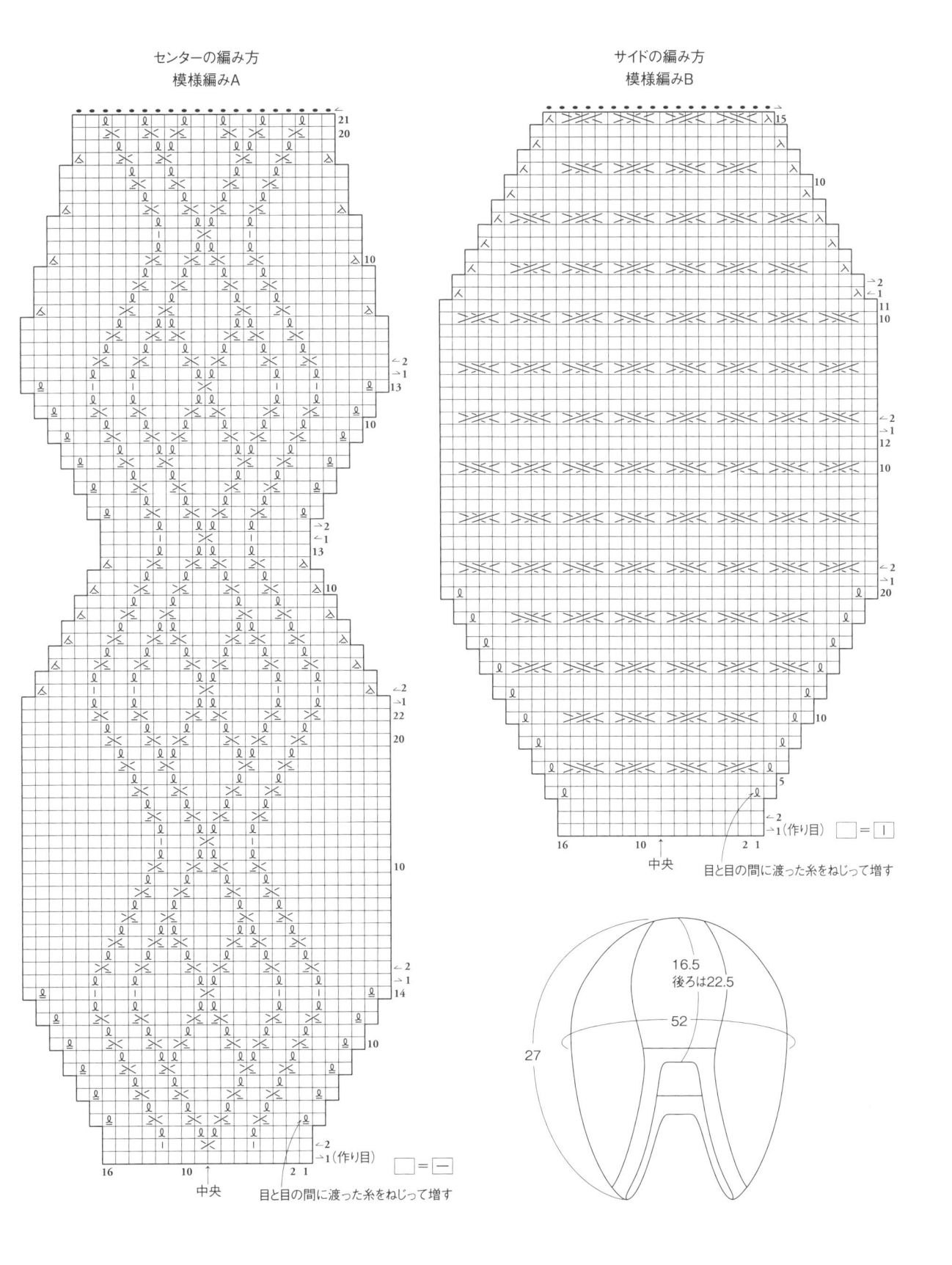

サイドの編み方
模様編みB

中央

目と目の間に渡った糸をねじって増す

□ = │

中央

目と目の間に渡った糸をねじって増す

□ = ―

16.5
後ろは22.5

52

27

page12 花の白黒ミトン

[糸]　　　ハマナカ　純毛中細　アイボリー（2）30g、黒（30）25g
[用具]　　2号4本棒針
[ゲージ]　メリヤス編みの編込み模様A、B　38目39.5段が10cm四方
[サイズ]　てのひら回り19cm、長さ25.5cm
[編み方]　糸は1本どりで、指定の配色で編みます。

指に糸をかける方法で72目作り目して輪にし、模様編み、メリヤス編みの編込み模様A、B（p.34参照）を編みますが、親指穴の下側は別糸を通して目を休め、上側に目を作ります（p.35参照）。指先を図のように減らし、残った4目に糸を通して絞ります。別糸を抜いて目を拾い、親指をメリヤス編みの編込み模様Cで編みます。右手は対称に編みます。仕上げに、アイロン台に置いてピンを打ち、スチームアイロンを当てて模様編み部分を整えます。

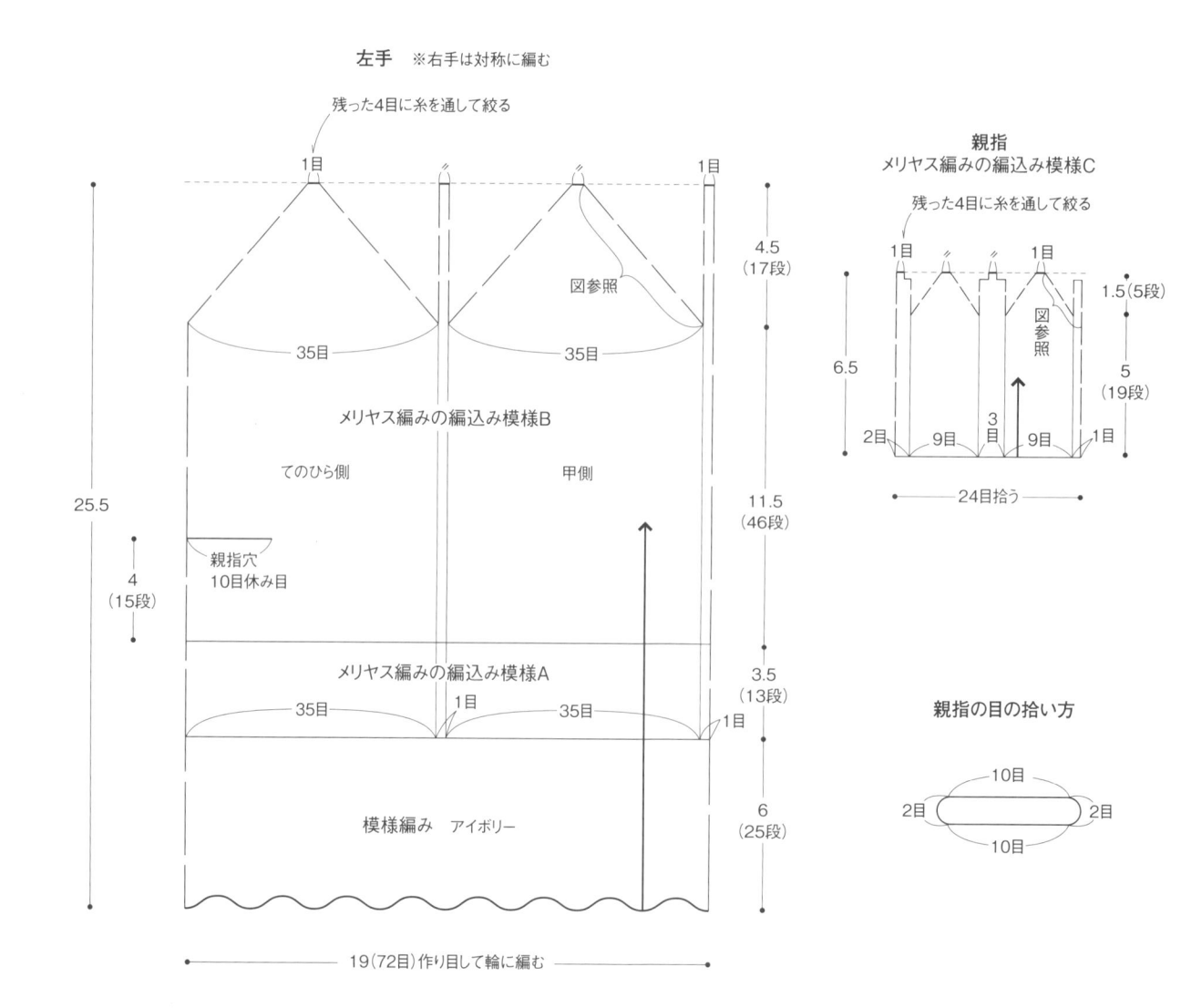

左手

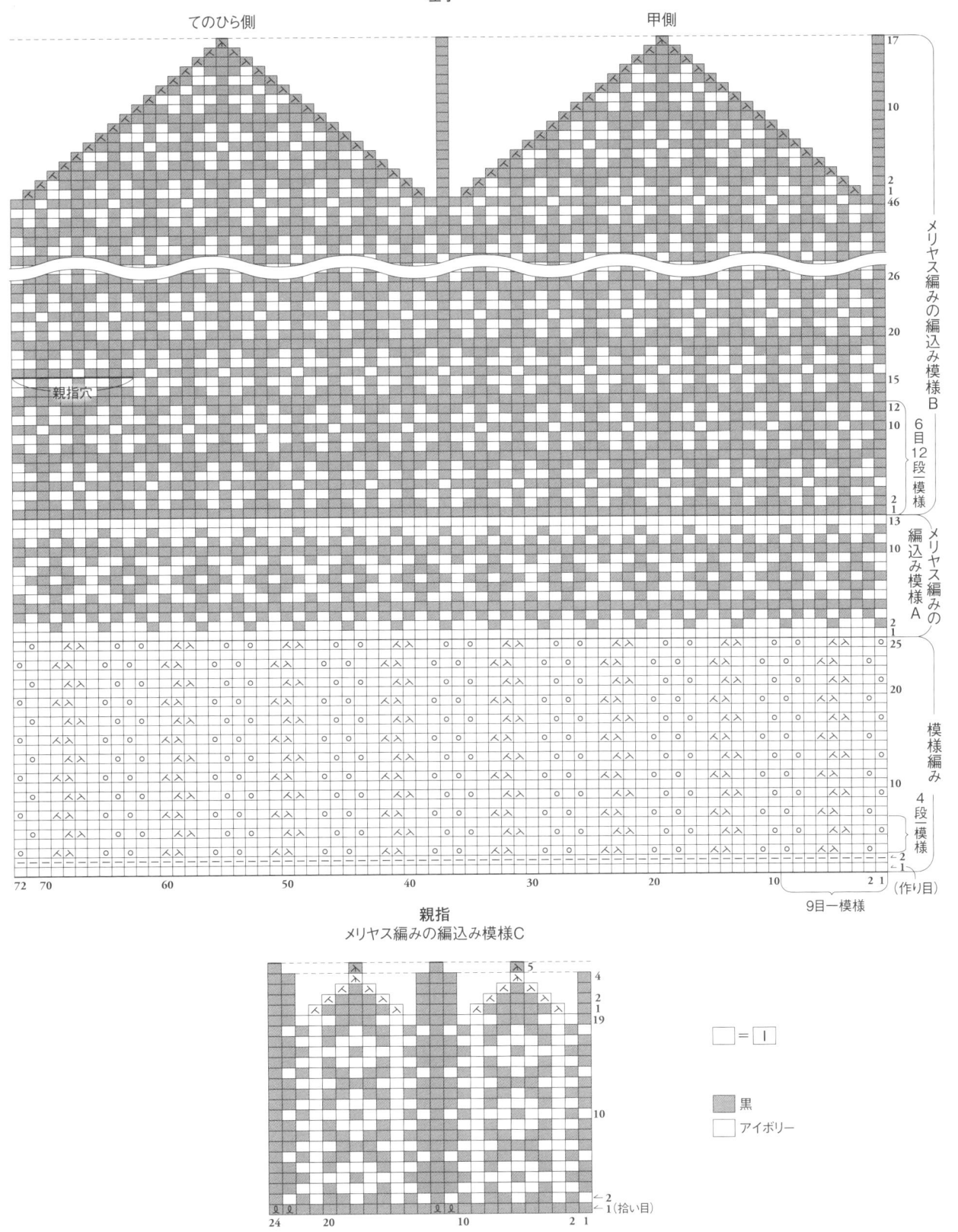

てのひら側 　　　甲側

メリヤス編みの編込み模様B

6目12段一模様

メリヤス編みの編込み模様A

模様編み
4段一模様

9目一模様

(作り目)

親指
メリヤス編みの編込み模様C

□ = │

■ 黒
□ アイボリー

page13 星の白黒ミトン

[糸]　　ハマナカ 純毛中細　黒（30）35g、アイボリー（2）30g
[用具]　2号4本棒針
[ゲージ]　メリヤス編みの編込み模様　38目39.5段が10cm四方
[サイズ]　てのひら回り19cm、長さ28.5cm
[編み方]　糸は1本どりで、指定の配色で編みます。
指に糸をかける方法で72目作り目して輪にし、ガーター編み、模様編み、メリヤス編みの編込み模様（p.34参照）を編みますが、親指穴の下側は別糸を通して目を休め、上側に目を作ります（p.35参照）。指先を図のように減らし、残った4目に糸を通して絞ります。別糸を抜いて目を拾い、親指をメリヤス編みの編込み模様で編みます。右手は対称に編みます。

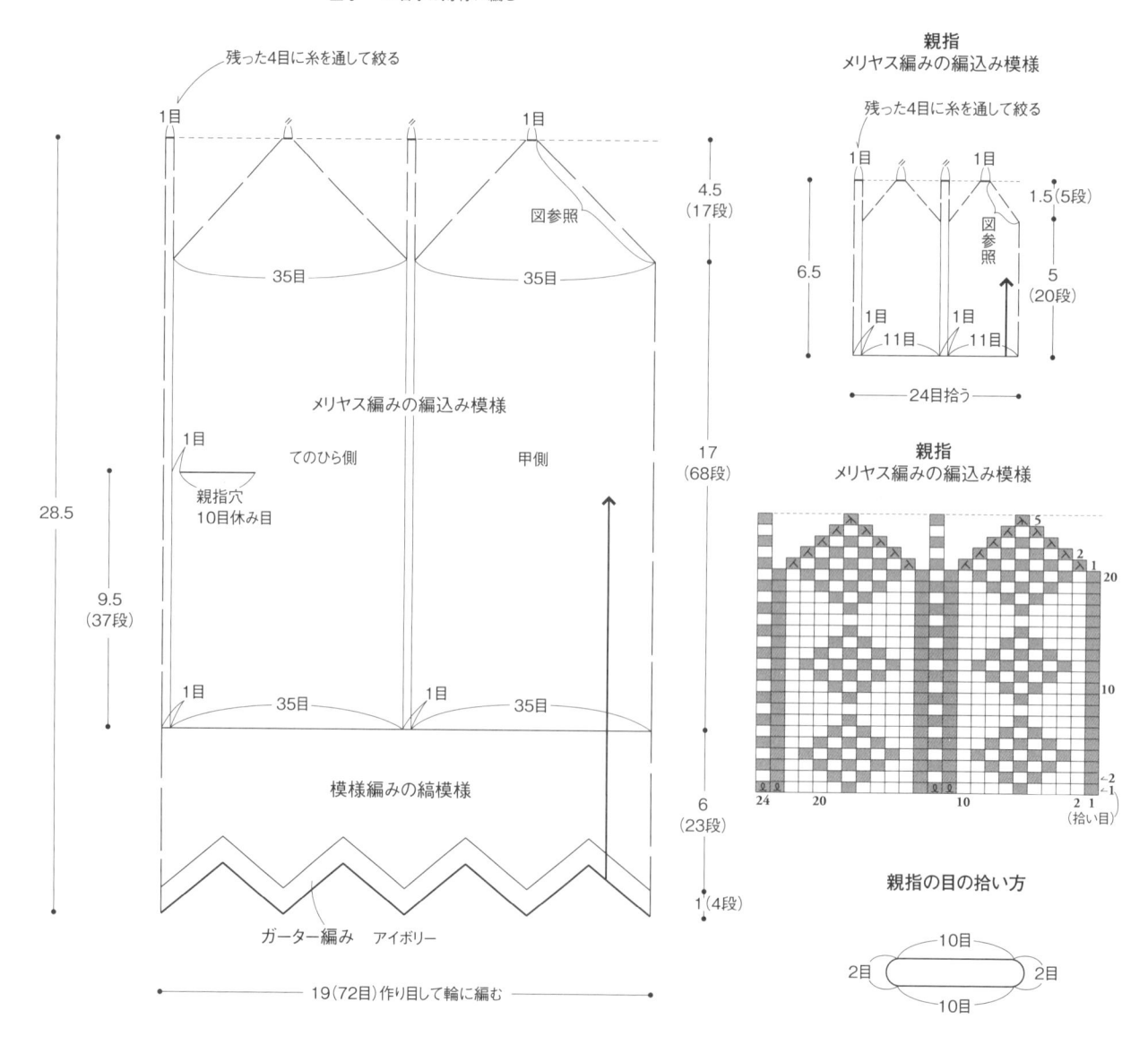

左手

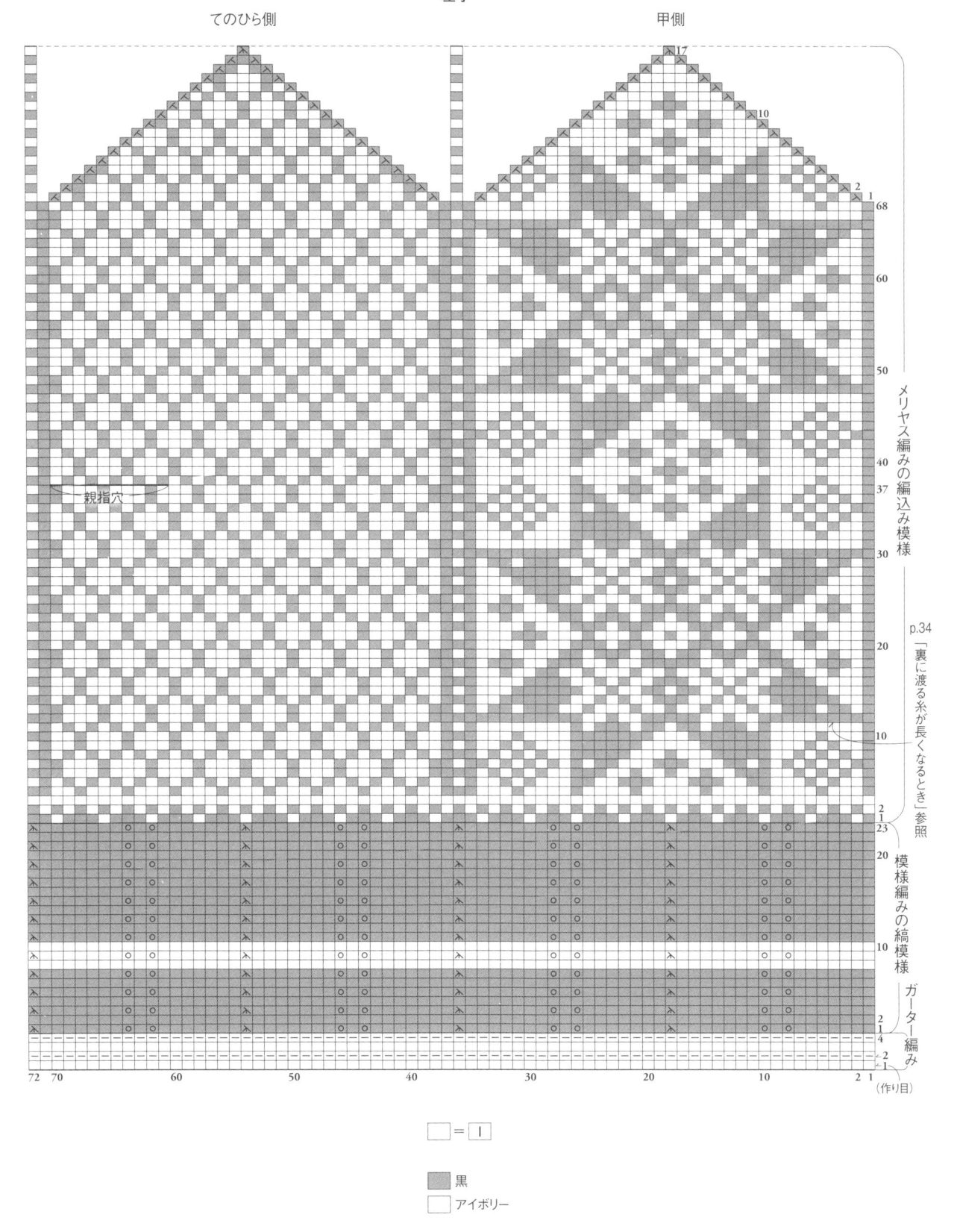

てのひら側　　　　　甲側

メリヤス編みの編込み模様

p.34「裏に渡る糸が長くなるとき」参照

模様編みの縞模様

ガーター編み

□ = |
■ 黒
□ アイボリー

page14 ヘンリーネックのベスト

[糸] パピー ブリティッシュエロイカ グレー（120）300g
[用具] 8号、10号2本棒針　8号4本棒針
[その他] 直径1.5cmのボタン4個
[ゲージ] 裏メリヤス編み　12目が6cm、23段が10cm　模様編み　19目23段が10cm四方
[サイズ] 胸回り92cm、着丈（肩から）53cm、背肩幅32cm
[編み方] 糸は1本どりで編みます。

前後身頃は指に糸をかける方法で作り目し、8号針でねじり1目ゴム編みを編みます。10号針に替えて、裏メリヤス編みと模様編みで図のように編みますが、前あきの部分は、左前身頃を先に編み、右前身頃を拾い目して編みます。肩を引抜きはぎし、脇をすくいとじし、衿ぐりと袖ぐりにねじり1目ゴム編みを編みます。前立ては右前にボタン穴をあけながら編み、前身頃にすくいとじでつけます。ボタンをつけます。

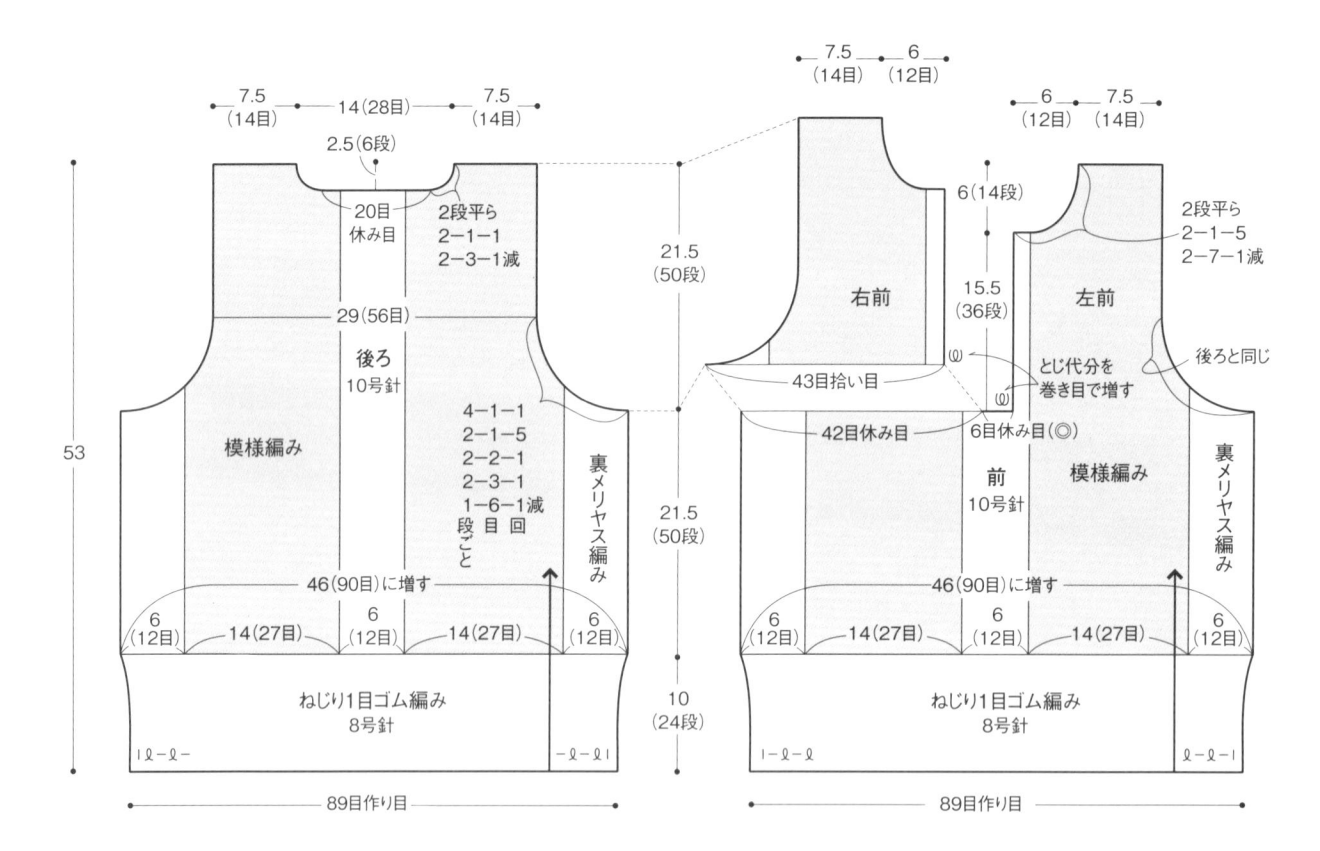

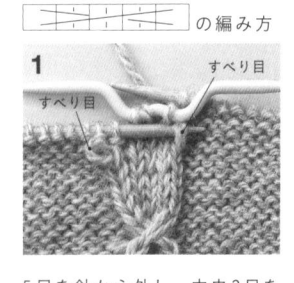

┼╳┼ の編み方

1 5目を針から外し、中央3目を別針に移して向う側におく。右端のすべり目を左針に戻す。

2 別針の3目を左針に戻す。

3 左端のすべり目を左針に戻す。

4 5目の順番が入れ替わり、左針に戻ったところ。このまま表目で編む。

模様編みの記号図

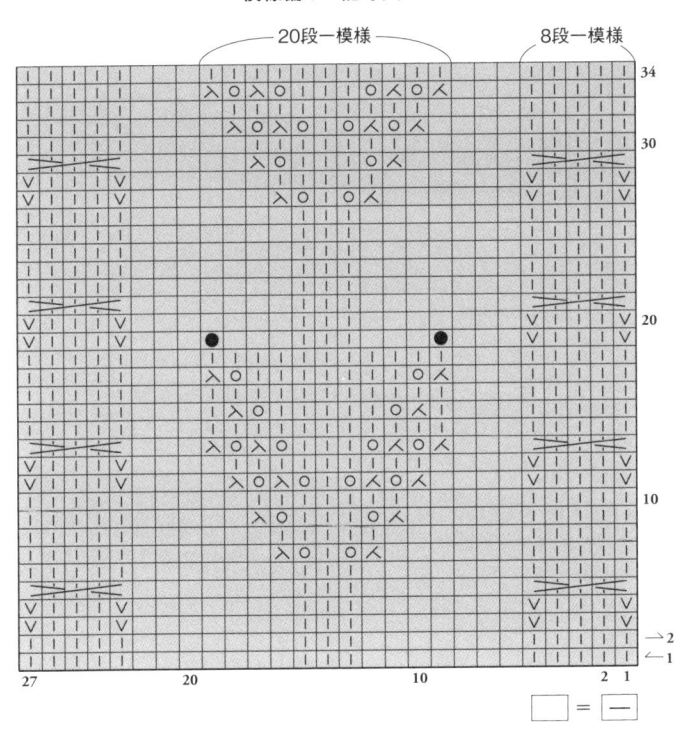

20段一模様　8段一模様

ねじり1目ゴム編み記号図

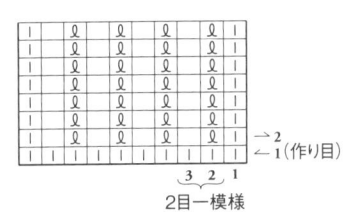

2目一模様

袖ぐりの減し方

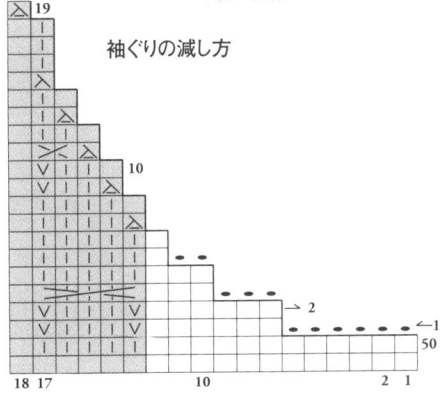

衿ぐり、袖ぐり
ねじり1目ゴム編み
8号針

- 前段と同じ記号で伏止め
- 33目拾う　2.5(6段)
- 20目拾う
- 1.5(4段)　伏止め
- 前後から84目拾う
- すくいとじ
- 左前立てを裏側にまつりつける

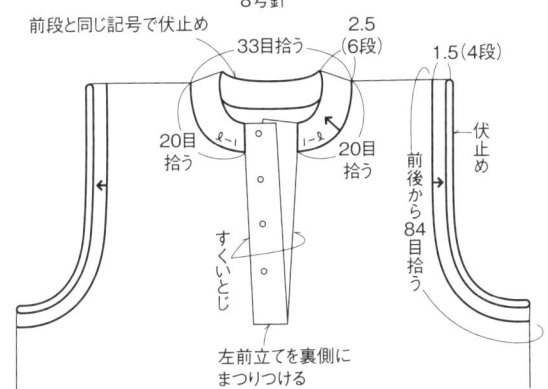

前立て
ねじり1目ゴム編み
8号針

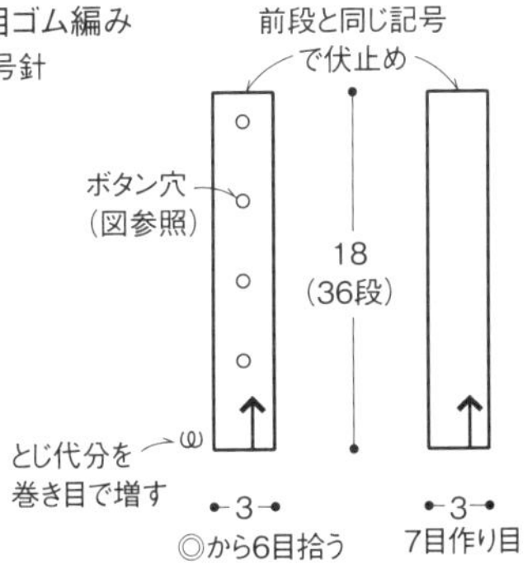

右前　左前

- 前段と同じ記号で伏止め
- ボタン穴(図参照)
- 18(36段)
- とじ代分を巻き目で増す
- ◎から6目拾う
- 7目作り目

ボタン穴

とじ側

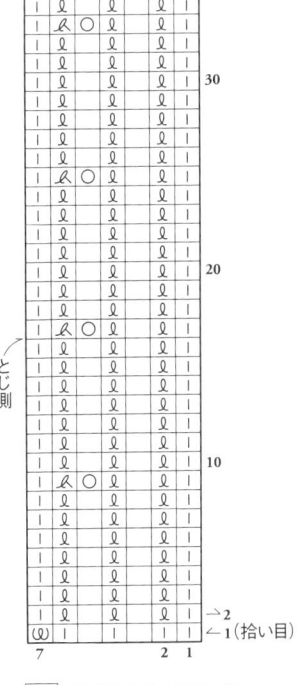

⋏ ねじり目の左上2目一度
（上になる目をねじって編む）

●の編み方

1 表目、裏目、表目、裏目、表目の編出し5目を編む。

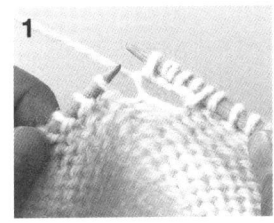

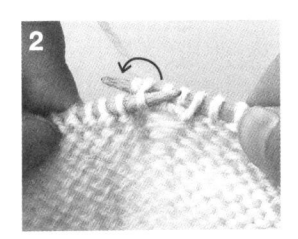

2 右針の左端の目に、隣の目をかぶせる。

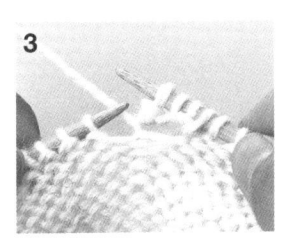

3 かぶせたところ。同じ要領で、4目かぶせる。

page15 アランのカーディガン

[糸]　パピー ブリティッシュエロイカ　オートミール（143）620g
[用具]　8号、12号2本棒針
[その他]　直径2.2cmのボタン7個
[ゲージ]　変わりかのこ編み　16.5目21.5段が10cm四方　模様編みA　23目21.5段が10cm四方
[サイズ]　胸回り99cm、着丈（肩から）61.5cm、ゆき丈72cm
[編み方]　糸は1本どりで編みます。

前後身頃は指に糸をかける方法で作り目し、8号針でねじり1目ゴム編みを編みます。12号針に替えて、変わりかのこ編み、模様編みA、裏メリヤス編みで図のように編みます。袖も同様に作り目し、ねじり1目ゴム編み、変わりかのこ編み、模様編みBで編みます。ラグラン線をメリヤスはぎとすくいとじで合わせ、合い印の目と段をはぎ合わせ、衿ぐりにねじり1目ゴム編みを編みます。脇と袖下をすくいとじにします。前立てを同様に作り目し、ねじり1目ゴム編みを編みますが、右前にはボタン穴をあけながら編み、前端にすくいとじでつけます。ボタンをつけます。

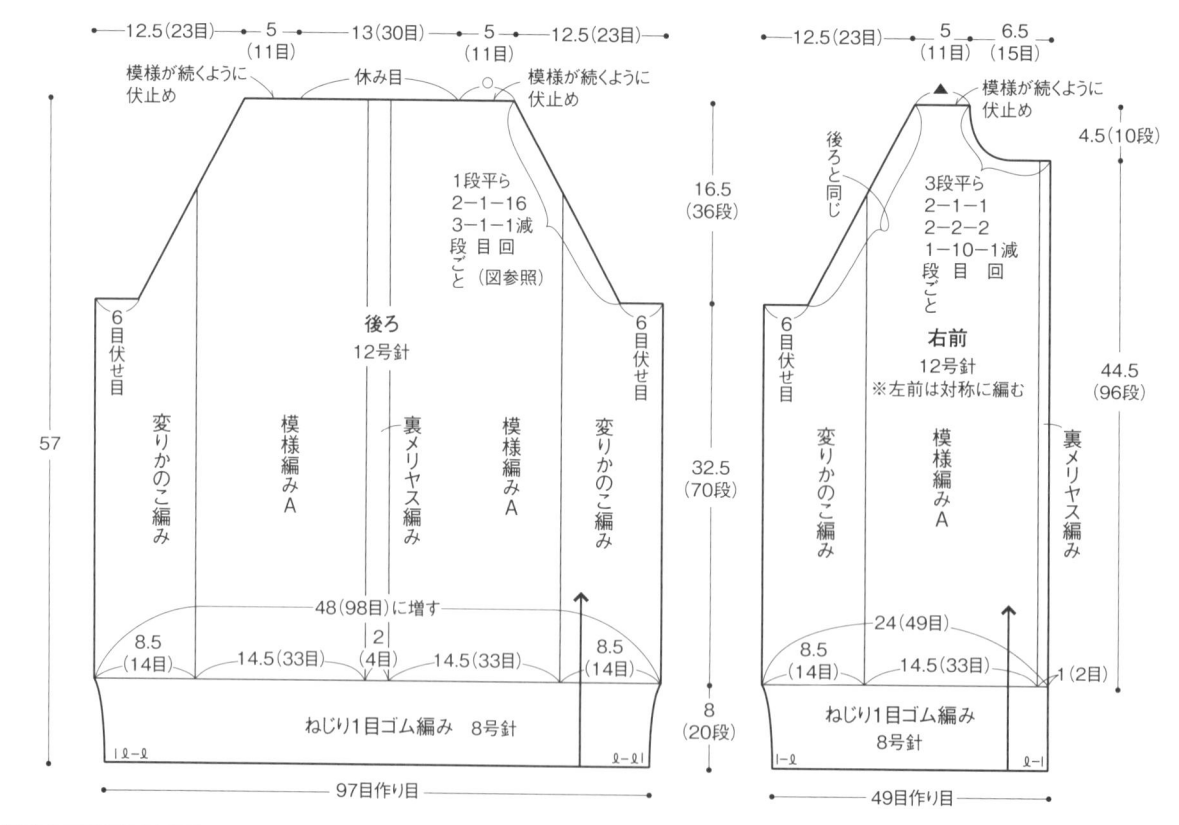

編み方

1. 3目を別針に移し、向う側におく。次の目を表目で編む。 
2. 別針の目を裏目、表目、裏目で編む。 
3. 1目を別針に移し、手前におく。次の3目を裏目、裏目、表目で編む。 
4. 別針の目を表目で編む。

模様編みA・変りかのこ編みの記号図

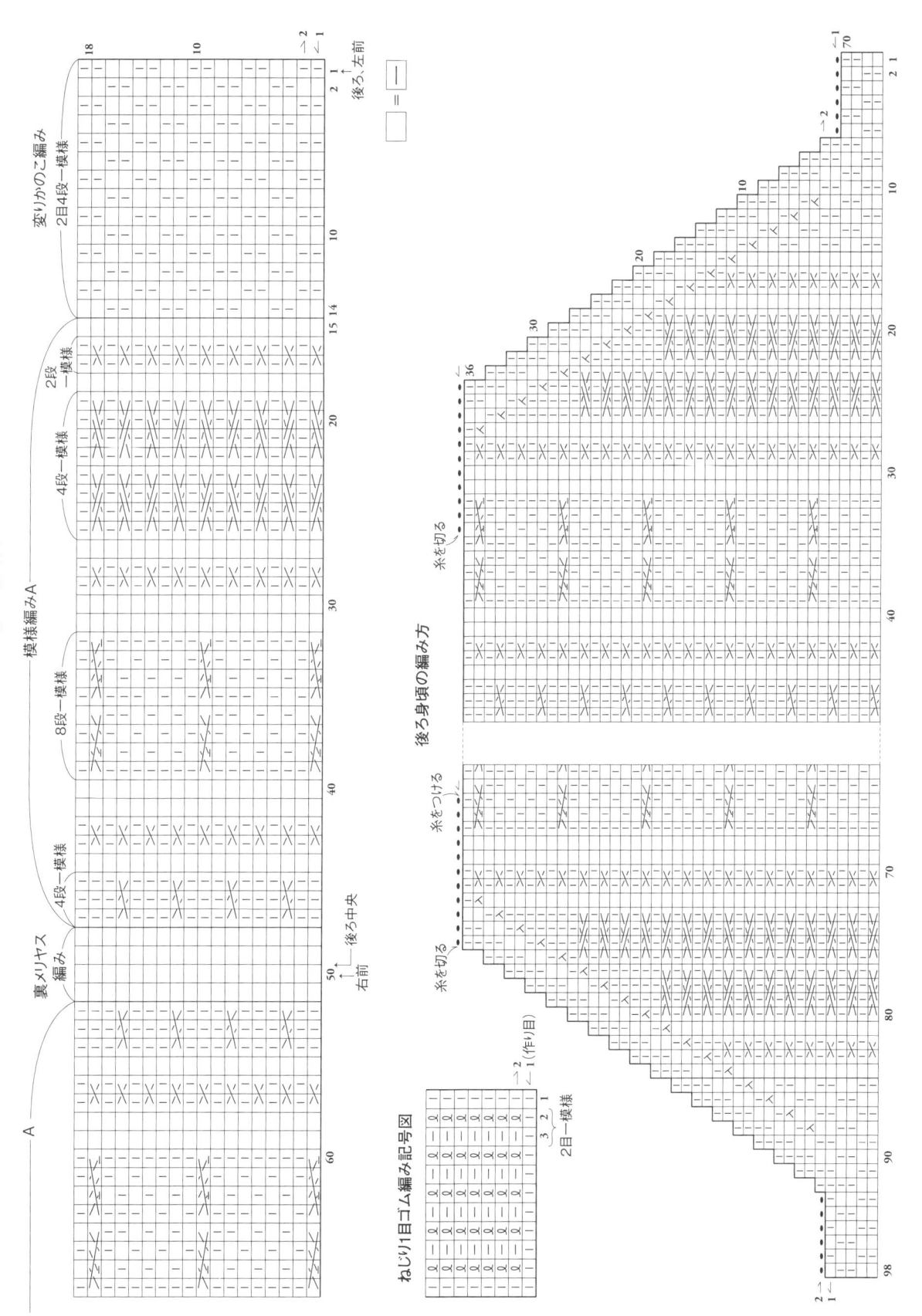

変りかのこ編み（2目4段）

模様編みA
- 2段一模様
- 4段一模様
- 8段一模様
- 4段一模様

裏メリヤス編み

後ろ中央／右前↑左前／後ろ・左前

□ = □

後ろ身頃の編み方

糸を切る／糸をつける／糸を切る／糸をつける／糸を切る

ねじり1目ゴム編み記号図

2目一模様／1（作り目）

袖

- 14(23目) ・ 9.5(17目) ・ 14(23目)
- 休み目
- 後ろと同じ
- 4.5 (10段)
- 16.5 (36段)
- 6目伏せ目
- 16(26目) ・ 38(63目) ・ 16(26目)
- 袖 12号針
- 7段平ら 12-1-5 11-1-1増
- 模様編みB
- 変りかのこ編み
- 36.5 (78段)
- 65.5
- 30(51目)に増す
- 12(20目) ・ 6(11目) ・ 12(20目)
- ねじり1目ゴム編み 8号針
- 8 (20段)
- 50目作り目

衿ぐり、前立て
ねじり1目ゴム編み　8号針

- 前段と同じ記号で伏止め
- 4 (10段)
- 目と段をはぐ
- 16目拾う
- 18目拾う 後ろは31目拾う
- 5段
- メリヤスはぎ
- すくいとじ
- 18段
- 56.5 (126段)
- ボタン穴（図参照）
- 18段
- 13段
- 3 (11目)作り目

袖の減し方

模様編みBの記号図

□ = −

ボタン穴

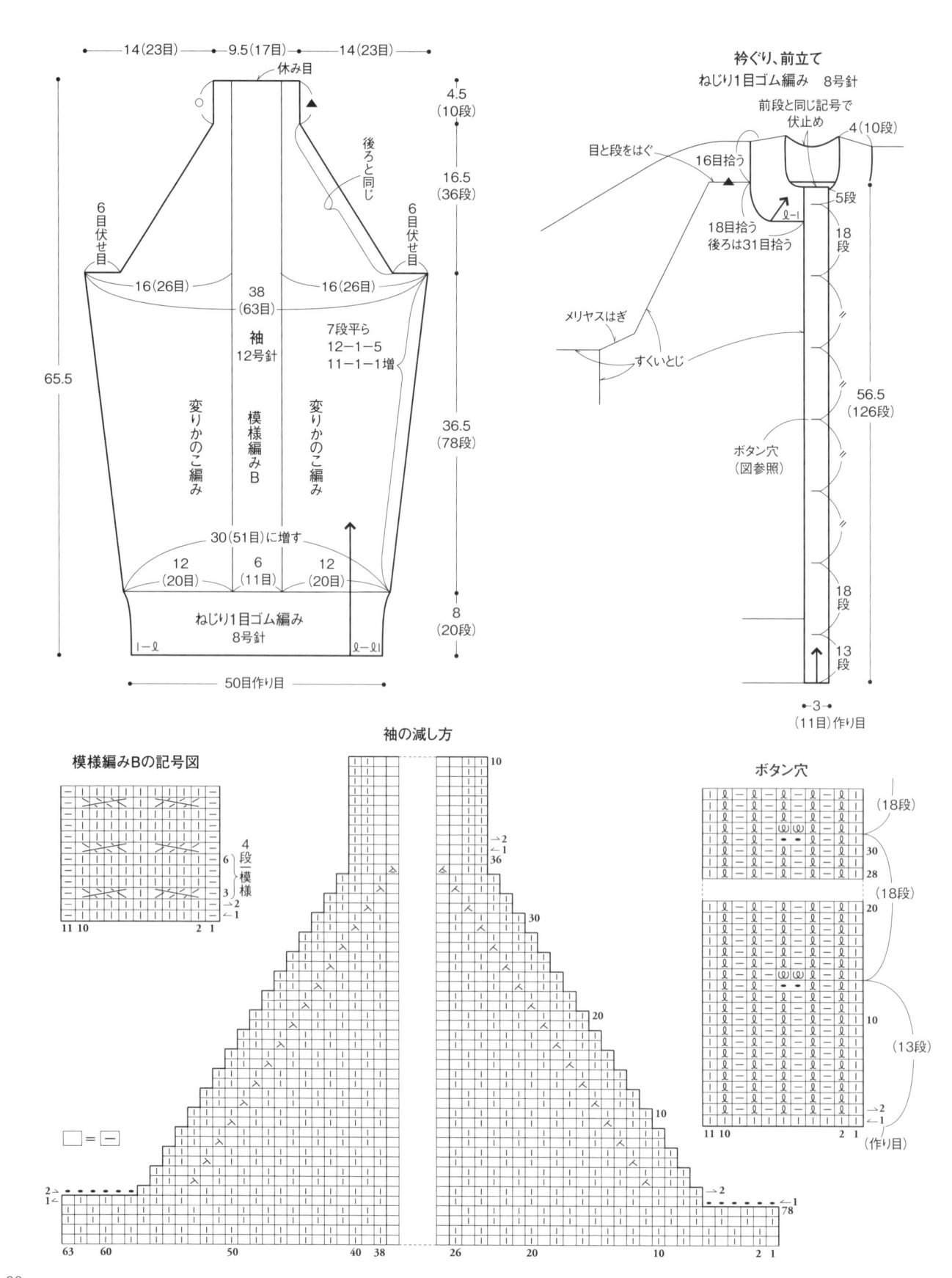

page18 三角ショール

[糸]　ハマナカ ソノモノアルパカウール《並太》生成り（61）260g
[用具]　8号輪針（80cm）
[ゲージ]　模様編みC　20目32段が10cm四方
[サイズ]　幅152cm、長さ78cm
[編み方]　糸は1本どりで編みます。

指に糸をかける方法で339目作り目し、輪針を使って往復でガーター編みを3段編みます。続いて両端をガーター編みで編みながら模様編みA、B、Cで図のように模様編みの端と中央の3か所で減らしながら編みます。編終りの両端のガーター編み14目と中央の1目を、7目と8目で突合せにしてメリヤスはぎをします。仕上げに、アイロン台に広げてピンを打ち、スチームアイロンを当てて整えます。

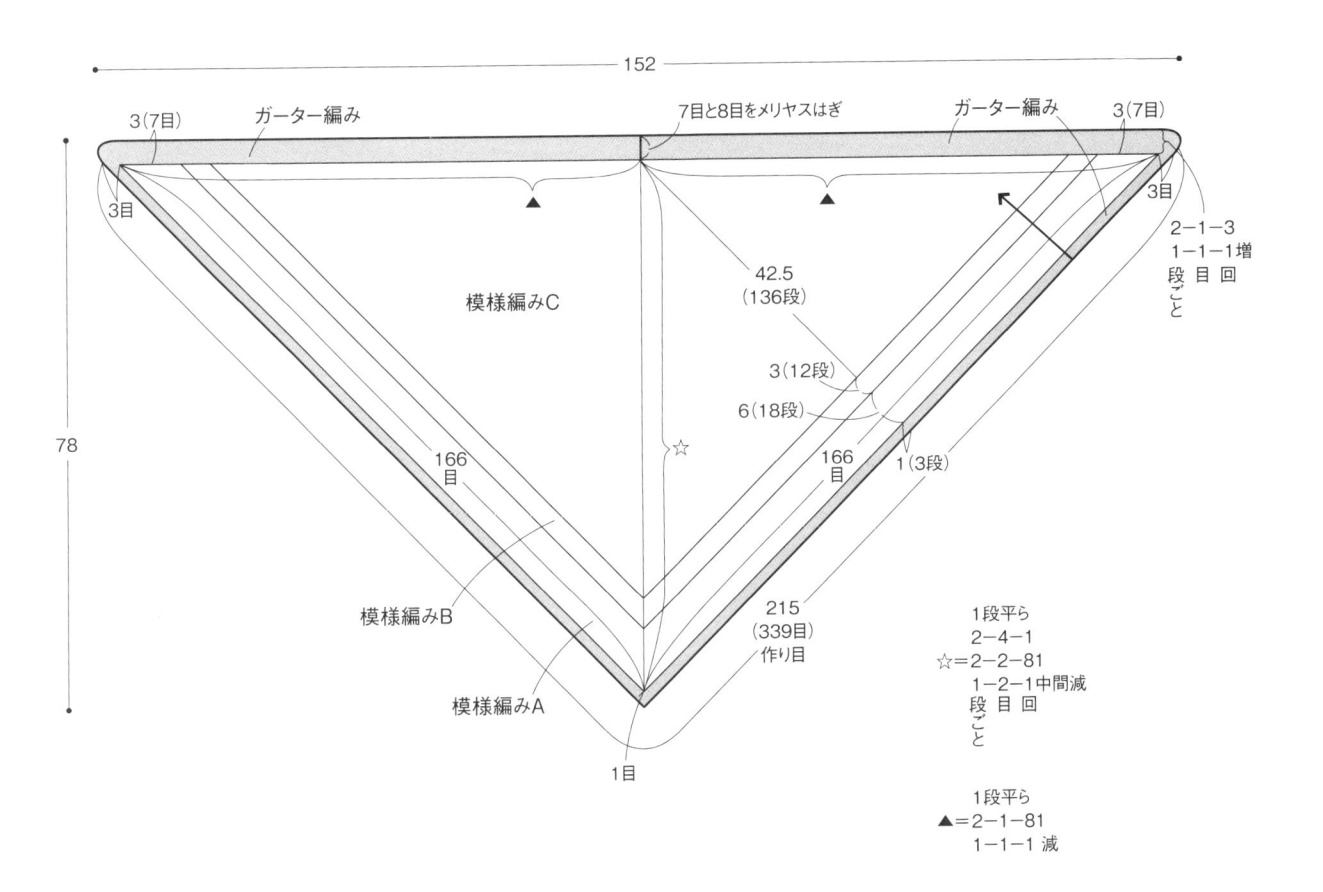

図中文字：
- 152
- 3（7目）　ガーター編み　7目と8目をメリヤスはぎ　ガーター編み　3（7目）
- 3目　　　　　　　　　　　　　　　　　　　　　　　　　　　　3目
- 42.5（136段）
- 3（12段）
- 6（18段）
- 1（3段）
- 166目　　　166目
- 模様編みC
- 模様編みB
- 模様編みA
- 78
- 215（339目）作り目
- 1目

2-1-3
1-1-1 増
段 目 回
ごと

1段平ら
2-4-1
☆＝2-2-8 } 1
1-2-1 中間減
段 目 回
ごと

1段平ら
▲＝2-1-8 } 1
1-1-1 減

模様編みとガーター編みの増し方と減し方

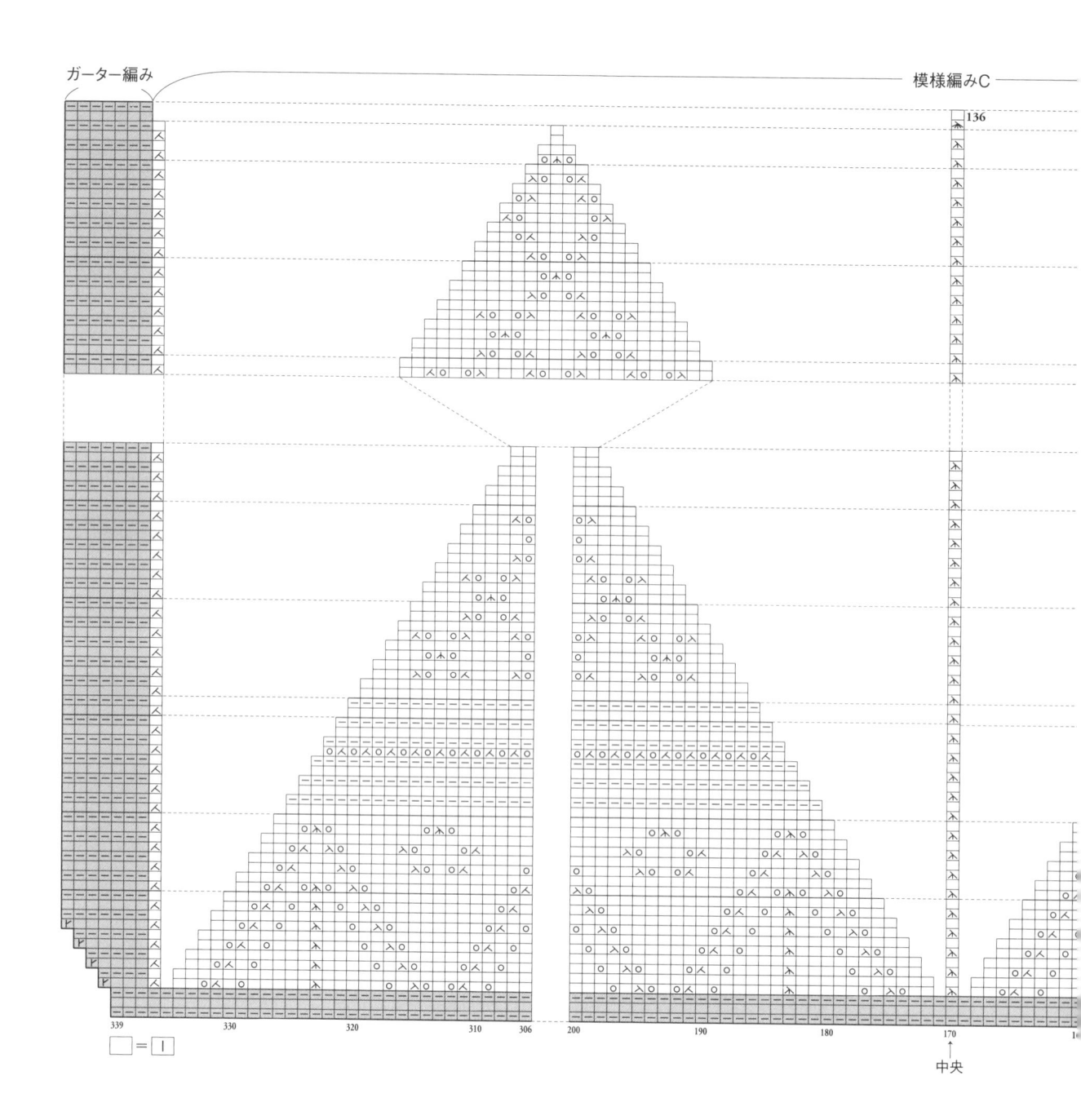

木 ＝ 右上5目一度
1目めを編まずに右針に移して
次の目を4目一度に編み、
右針に移した目を編んだ目にかぶせる

ガーター編みの増し方

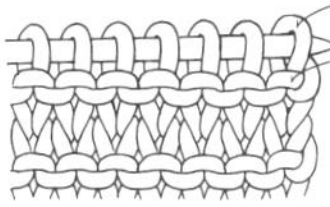

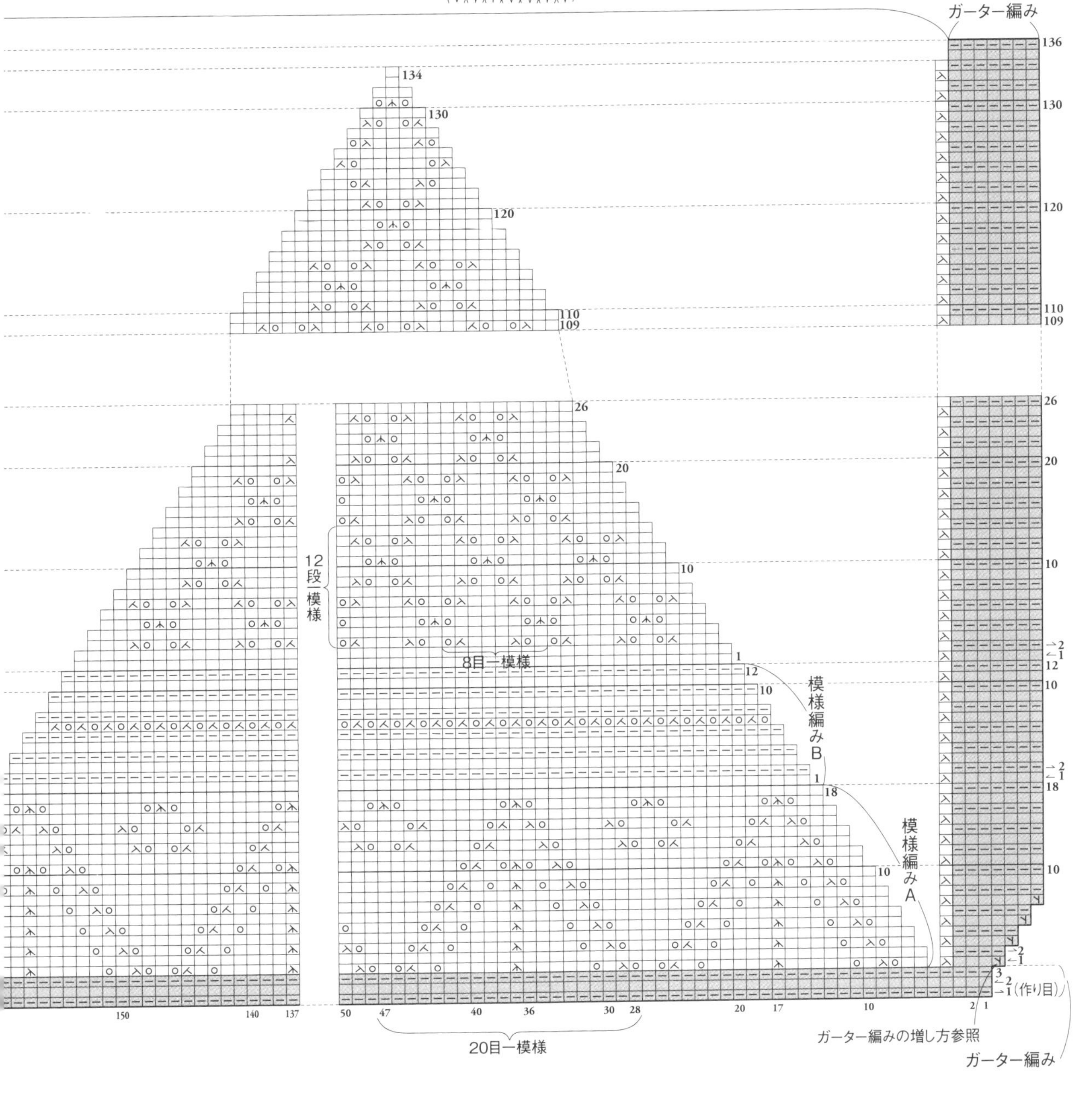

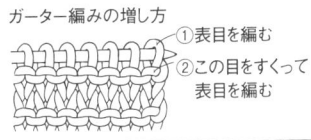

page16 編込みポンポン帽子

p.14をA、p.16をB、p.17をCとします。

[糸]　リッチモア パーセント
　　　A グリーン（107）70g、ライトグレー（96）20g
　　　B グレー（97）60g、青（106）、紺（46）、ミントグリーン（109）、ライトグレー（96）、モスグリーン（29）、グリーン（107）各5g
　　　C 生成り（120）60g、淡ピンク（70）、濃ピンク（72）、ミントグリーン（109）、からし色（14）、水色（22）、グレー（97）各5g

[用具]　3号、4号4本棒針
[ゲージ]　メリヤス編みの編込み模様　31目31段が10cm四方
[サイズ]　頭回り52cm、深さ21.5cm
[編み方]　糸は1本どりで、指定の配色で編みます。

指に糸をかける方法で140目作り目して輪にし、3号針で2目ゴム編みの縞模様を編みます。4号針に替えて160目に増し、メリヤス編みの編込み模様（p.34参照）を編みます。トップはメリヤス編みで図のように減らします。残った32目に糸を1目おきに2周通して絞ります。ポンポンを作ってトップにつけます。

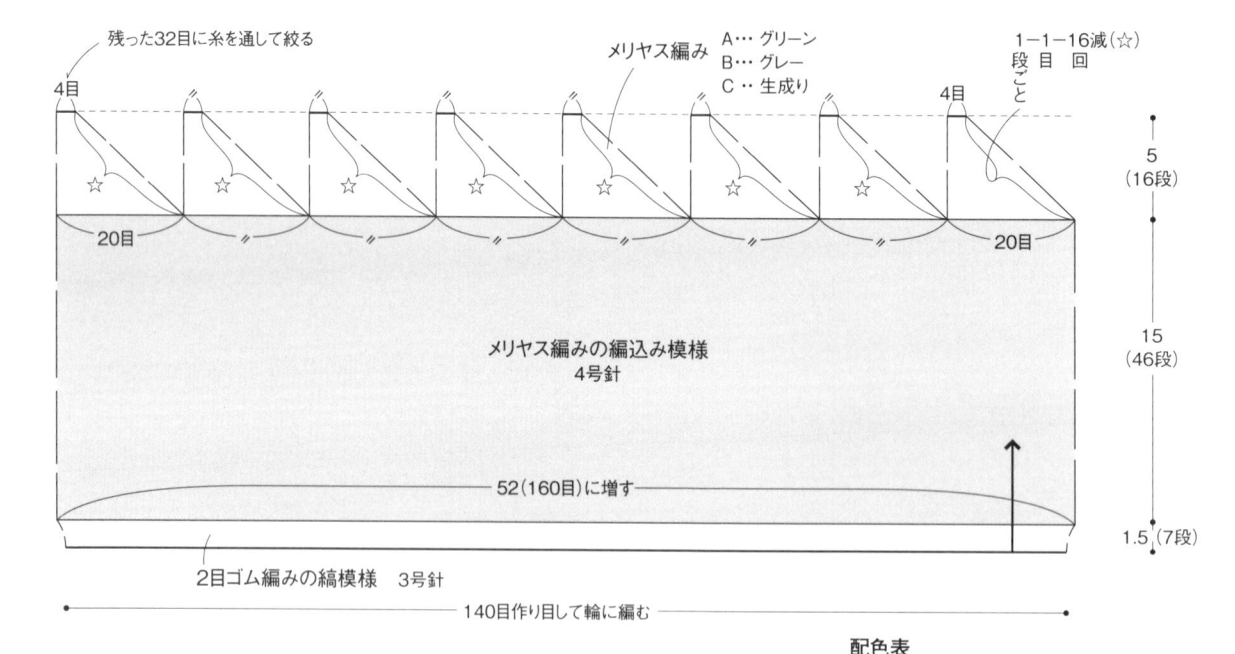

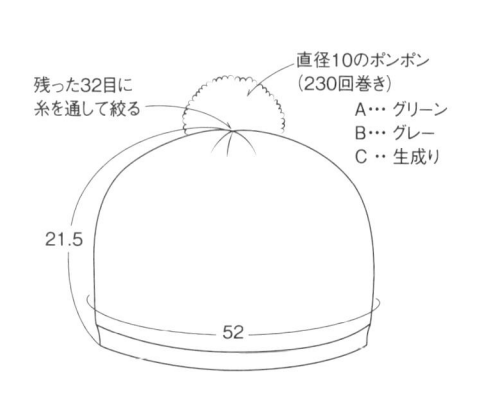

配色表

	A	B	C
■	ライトグレー	ミントグリーン	からし色
╱	グリーン	ライトグレー	生成り
△	グリーン	紺	水色
◎	ライトグレー	グリーン	グレー
●	ライトグレー	紺	グレー
▨	グリーン	ライトグレー	淡ピンク
◆	ライトグレー	青	濃ピンク
×	グリーン	モスグリーン	水色
▲	グリーン	ライトグレー	からし色
○	ライトグレー	ミントグリーン	グリーン
□	グリーン	グレー	生成り
▨	ライトグレー	紺	濃ピンク
▩	グリーン	青	淡ピンク

編込み図案とトップの減し方

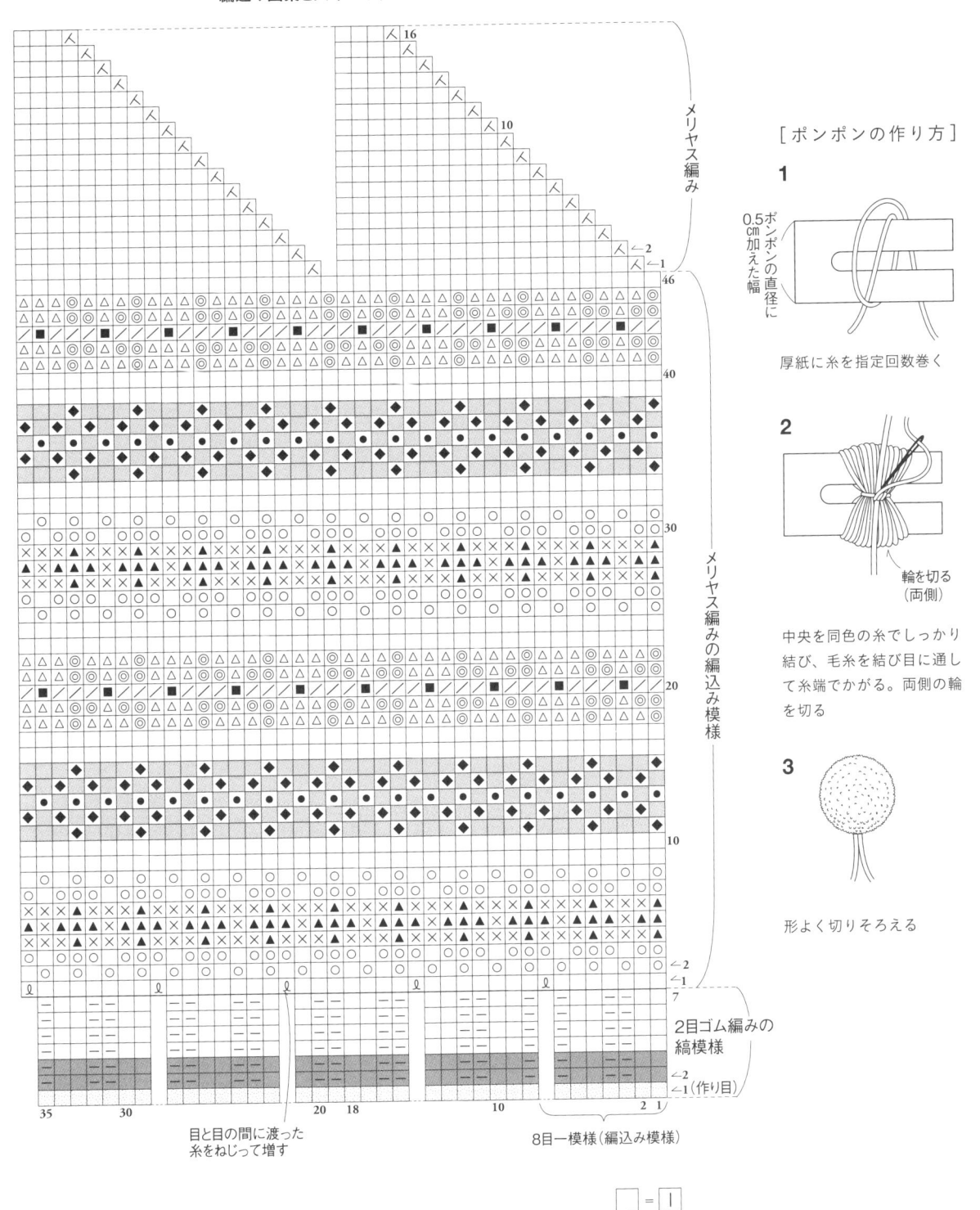

メリヤス編み

メリヤス編みの編込み模様

2目ゴム編みの縞模様

8目一模様（編込み模様）

目と目の間に渡った糸をねじって増す

□ = |

[ポンポンの作り方]

1

厚紙に糸を指定回数巻く

ポンポンの直径に0.5cm加えた幅

2

輪を切る（両側）

中央を同色の糸でしっかり結び、毛糸を結び目に通して糸端でかがる。両側の輪を切る

3

形よく切りそろえる

page21 ケーブルの指出し手袋

- [糸] パピー ブリティッシュエロイカ 生成り（125）85g
- [用具] 7号4本棒針
- [ゲージ] 模様編みA 8目が2.5cm、27.5段が10cm　模様編みB、B' 20目が8cm、27.5段が10cm
  模様編みC 16目が6cm、27.5段が10cm
- [サイズ] てのひら回り19cm、長さ22cm
- [編み方] 糸は1本どりで編みます。

指に糸をかける方法で52目作り目して輪にし、模様編みA、B、B'、Cで編みますが、親指穴の下側は別糸を通して目を休め、上側は目を作ります（p.35参照）。編終りは伏止めをします。別糸を抜いて目を拾い、模様編みDで親指を編みます。

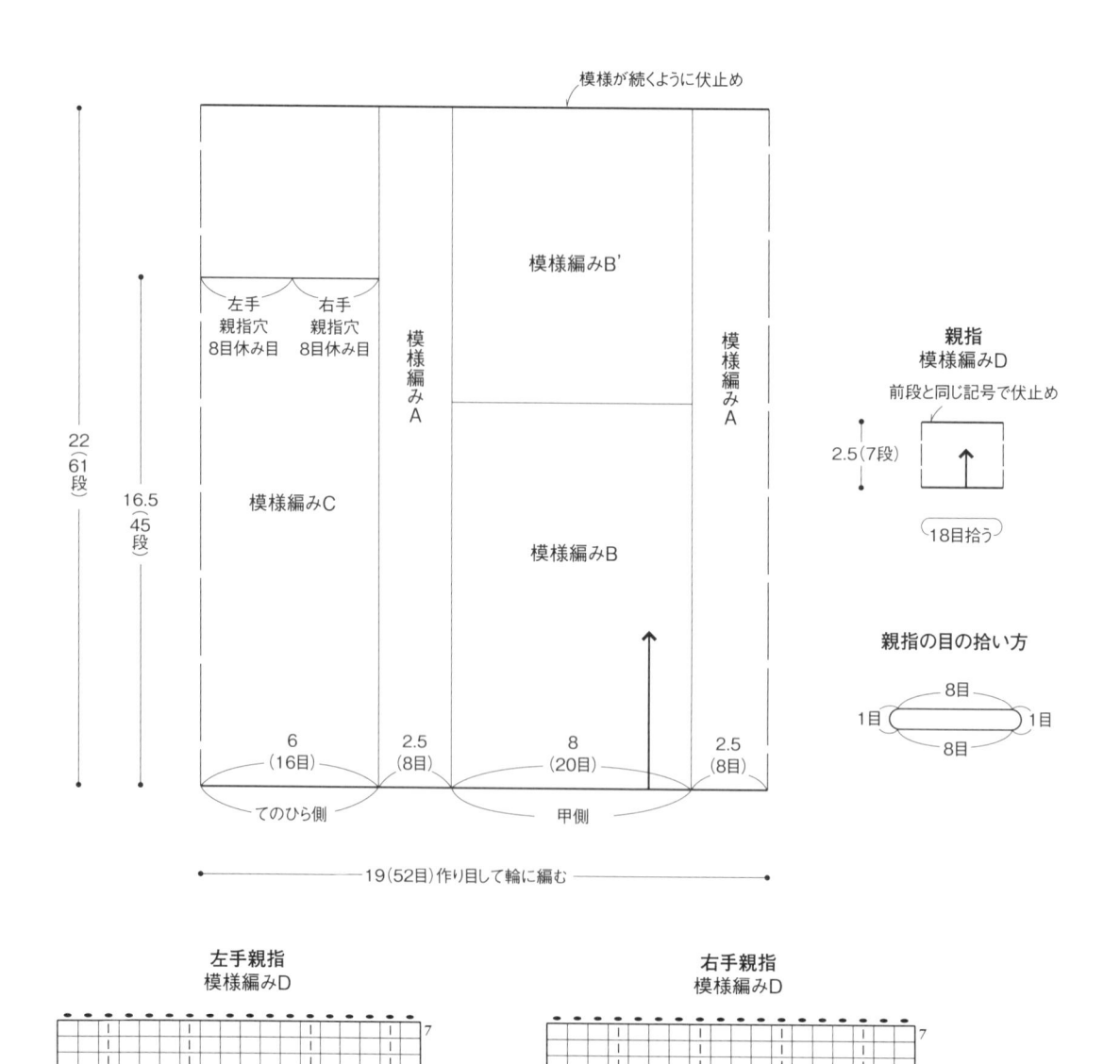

模様編みA・B・B'・Cの記号図

の編み方

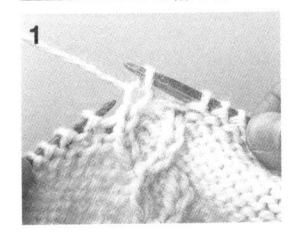

1 4目を別針に移して向う側におき、右針で表目を1目編む。

2 別針に移してある4目のうち左側3目を左針に戻す。

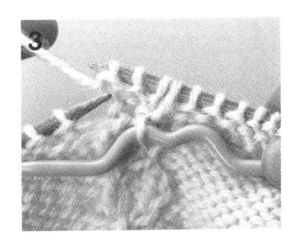

3 別針に残した1目を手前におき、左針の3目を裏目で編む。

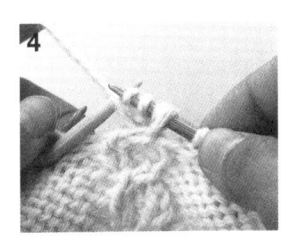

4 別針の1目を表目で編む。

page23 カトラリーのミトン

[糸] パピー シェットランド 紺(20) 45g、黄色(39) 20g
[用具] 3号4本棒針
[ゲージ] メリヤス編みの編込み模様 27目が10cm、26段が8cm
[サイズ] てのひら回り22cm、長さ22cm
[編み方] 糸は1本どりで、指定以外は紺で編みます。

指に糸をかける方法で48目作り目して輪にし、2目ゴム編みの縞模様で20段編みます。続けて2目ゴム編みとメリヤス編みを編みながら、指定の位置で増し目をして親指のまちを17段編みます。親指のまちを休み目し、甲側とてのひら側を続けてメリヤス編みの編込み模様(p.34参照)で編み、指先をメリヤス編みで図のように減らし、残った4目に糸を通して絞ります。休めておいた親指のまちから目を拾い、親指をメリヤス編みで編みます。右手は対称に編みます。

左手 ※右手は対称に編む

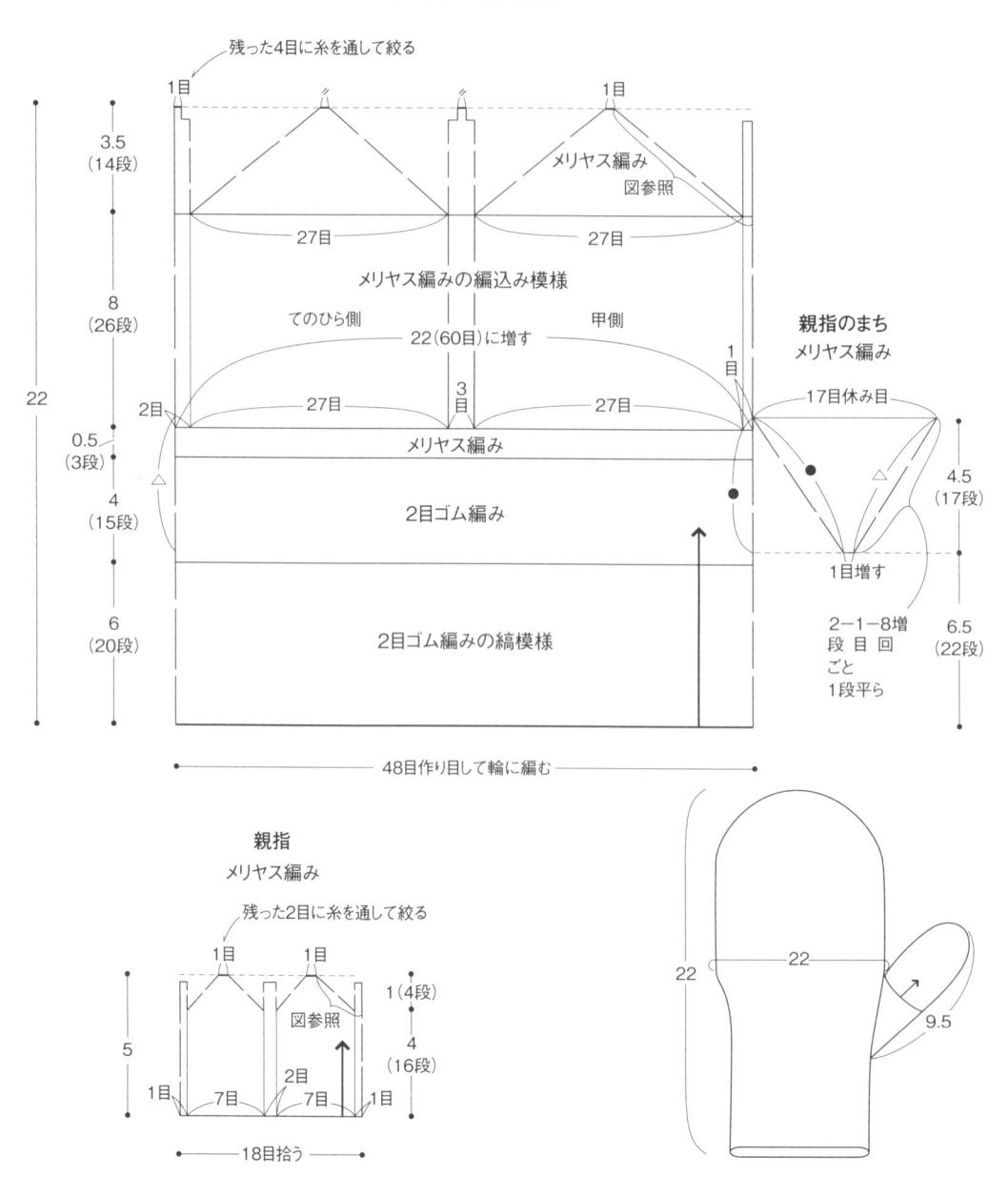

左手

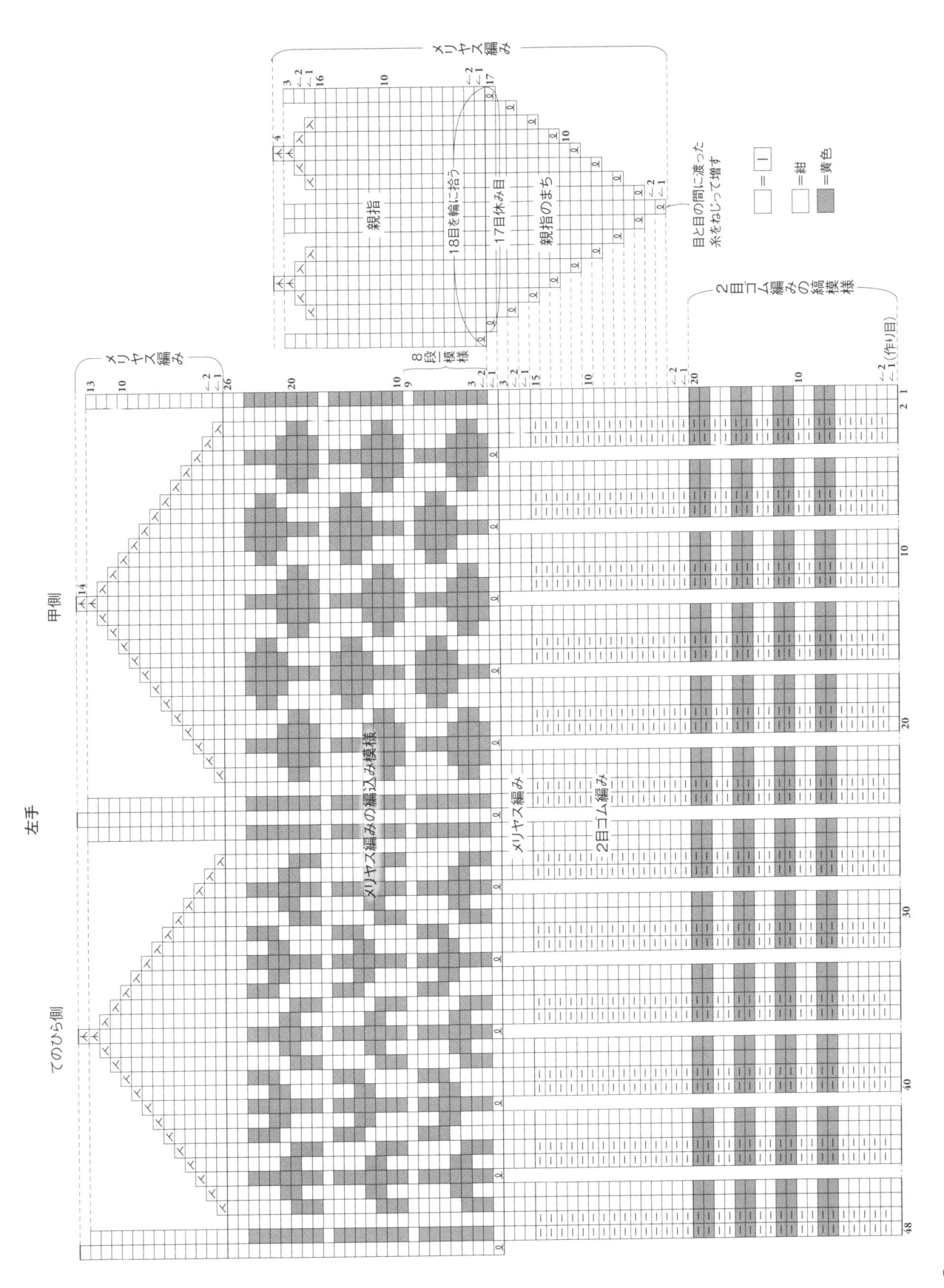

甲側

てのひら側

メリヤス編み

メリヤス編みの編込み模様

8段模様

メリヤス編み

2目ゴム編み

2目ゴム編みの縞模様

親指

18目を輪に拾う
17目休み目
親指のまち

目と目の間に渡った糸をねじって増す

□ = |
□ = 紺
■ = 黄色

page20 編込みレッグウォーマー

[糸]　　リッチモア スペクトルモデム
　　　　ワインレッド（41）110g、グレー（49）35g、オレンジ色（29）、山吹色（28）各15g、赤（31）10g
[用具]　7号、9号4本棒針
[ゲージ]　メリヤス編みの編込み模様　23目25.5段が10cm四方
[サイズ]　筒回り26cm、長さ47cm
[編み方]　糸は1本どりで、指定以外はワインレッドで編みます。

指に糸をかける方法で60目作り目して輪にし、7号針で1目ゴム編みを8段編みます。9号針に替え、メリヤス編みの編込み模様（p.34参照）を93段増減なく編みます。7号針に替え、1目ゴム編みを22段編みます。編終りを伏止めします。もう片方も同様に編みます。

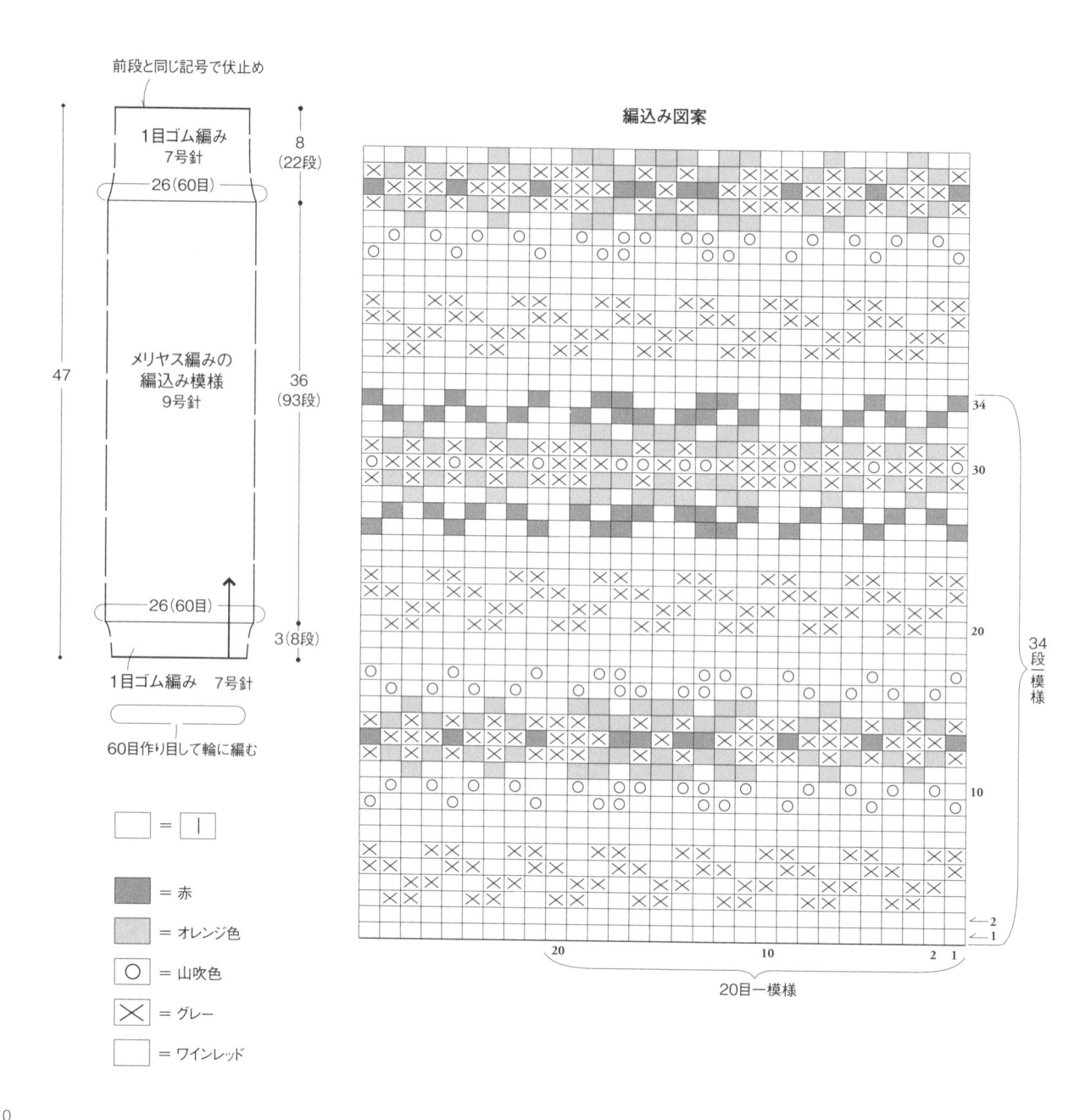

page24 T字形のセーター

[糸]　　　パピー ブリティッシュエロイカ　茶色（192）300g、黄色（191）、ブルー（190）、白（125）各100g
[用具]　　8号、10号2本棒針、12号輪針（80cm）
[ゲージ]　メリヤス編み、模様編みの縞模様　19目24.5段が10cm四方
[サイズ]　胸回り90cm、着丈（肩から）55cm、ゆき丈45.5cm
[編み方]　糸は1本どりで、指定以外は茶色で編みます。

指に糸をかける方法で85目作り目し、8号針で変りかのこ編み26段と10号針でメリヤス編み44段を編んで、目を針にかけたまま休めます。別糸を使って目を作る方法で袖下の作り目44目を2本作ります。12号輪針に替え、作り目から44目、休み目から85目、さらに作り目から44目を拾ってメリヤス編みを2段往復で編みます。続けて模様編みの縞模様を66段編みます。編終りは、両端60目ずつを休め、中央53目は伏止めをします。同じ要領でもう1枚編み、肩は引抜きはぎします。脇をすくいとじし、袖下は作り目をほどきながら拾って、引抜きはぎします。

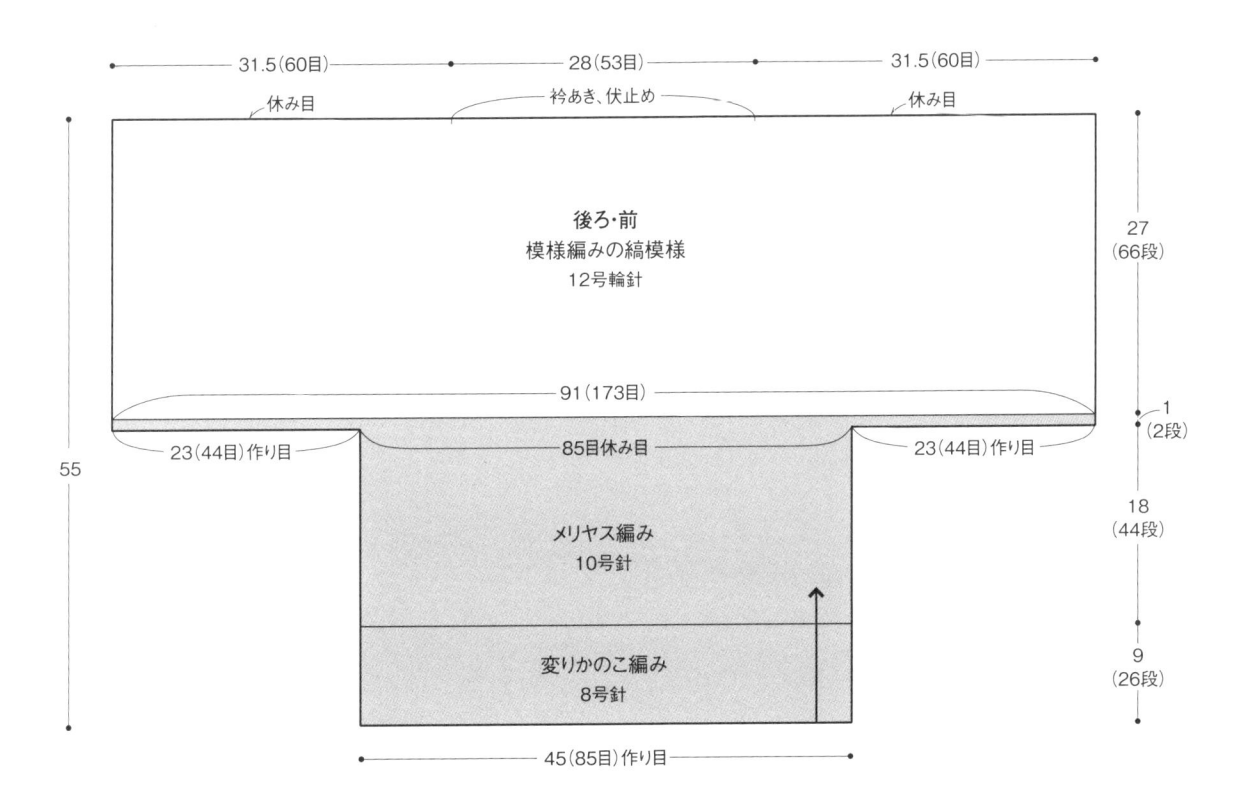

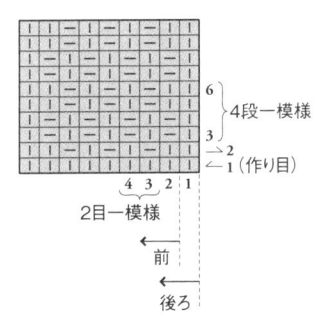

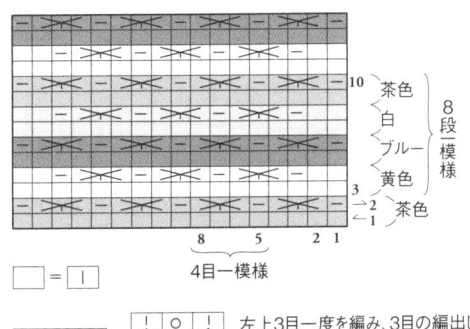

page 26 ケーブルとかのこのポンチョ

[糸] パピー ブリティッシュエロイカ ブルー系の混り糸(178) 420g
[用具] 10号、12号2本棒針
[その他] 直径4cmのボタン1個
[ゲージ] 裏メリヤス編み 17目22段が10cm四方 変りかのこ編み 19目22段が10cm四方 模様編み 24目が8cm、22段が10cm
[サイズ] 背肩幅41cm、着丈(肩から) 46cm
[編み方] 糸は1本どりで編みます。

指に糸をかける方法で132目作り目し、10号針でガーター編みを14段編みます。12号針に替え、模様編みで増し目をし、裏メリヤス編み、変りかのこ編み、模様編みで図のように減らしながら編み、目を休めます。同じものをもう1枚編み、脇をすくいとじします。衿ぐりに10号針でガーター編みを編み、編終りは伏止めをします。衿ぐりの端を重ね、ボタンをつけます。

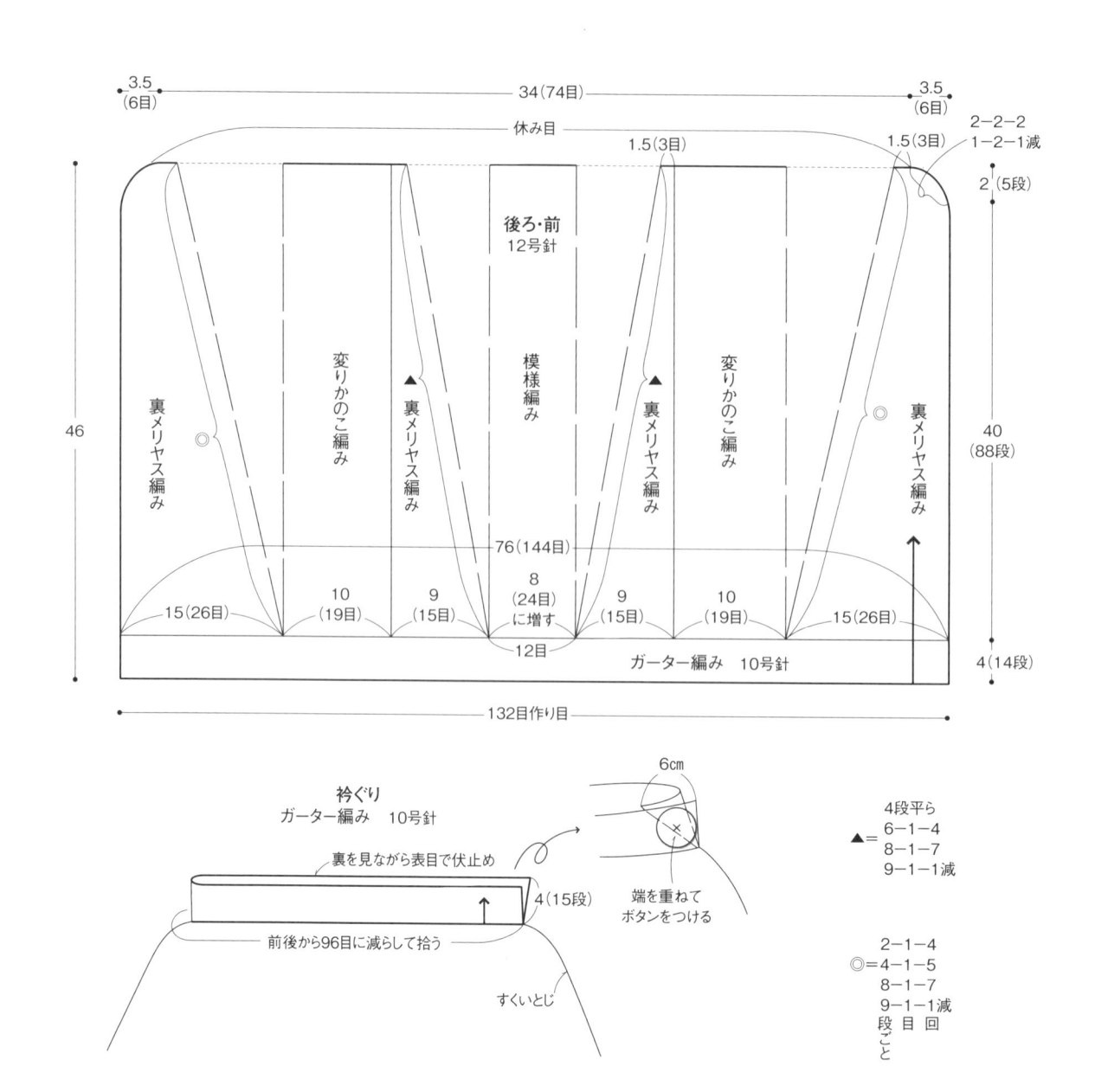

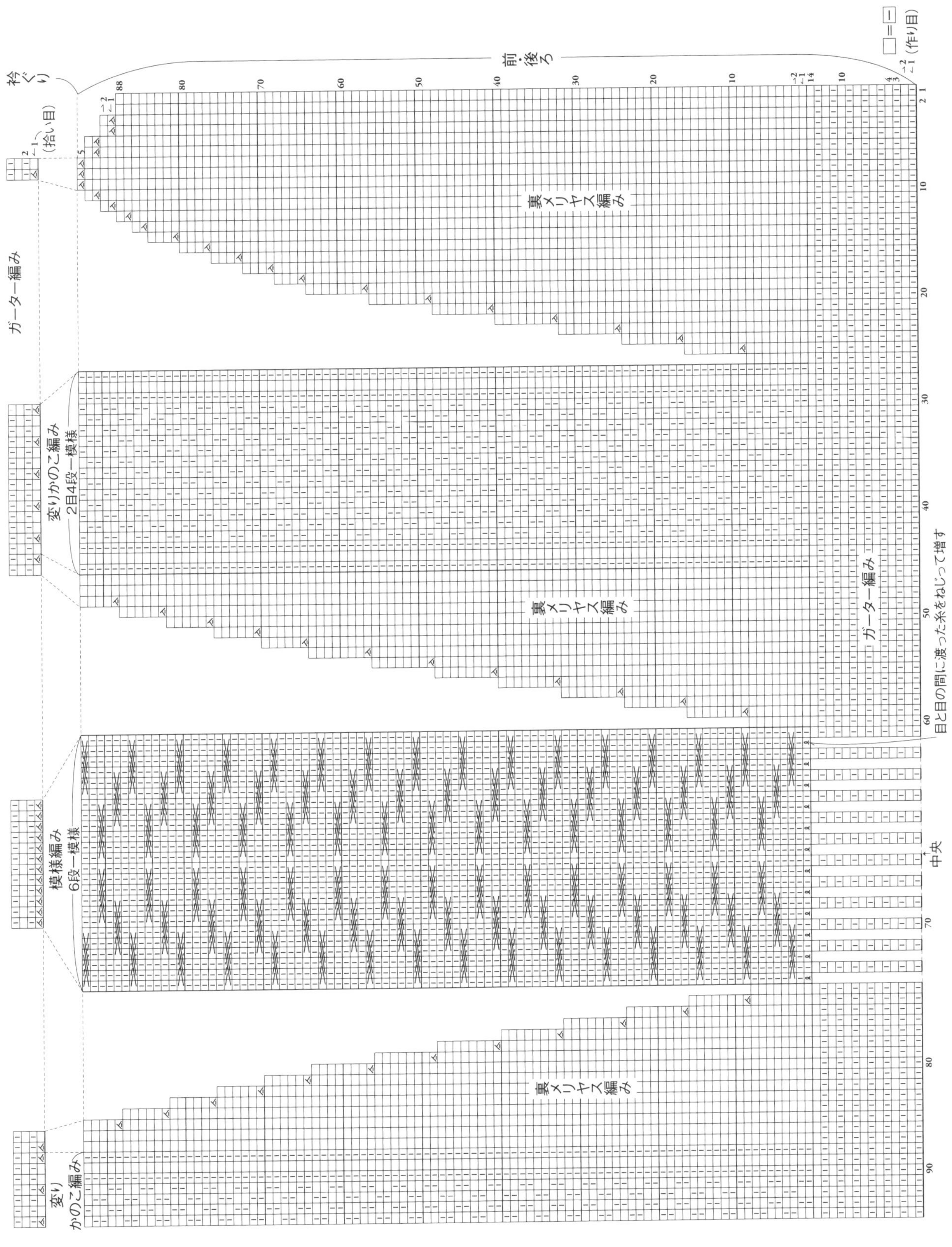
衿ぐり
(拾い目)
ガーター編み
変りかのこ編み
2目4段一模様
模様編み
6段一模様
変り
かのこ編み
前・後ろ
裏メリヤス編み
裏メリヤス編み
裏メリヤス編み
ガーター編み
目と目の間に渡った糸をねじって増す
中央
□＝－
(作り目)

page27 フェアアイルのケープレット

[糸]　ハマナカ ソノモノアルパカウール
　　　生成り（41）110g、チャコールグレー（45）60g、グレー（44）30g、こげ茶（43）20g、ベージュ（42）10g
[用具]　10号、12号輪針（60cm）
[ゲージ]　メリヤス編みの編込み模様　18目20段が10cm四方
[サイズ]　裾回り117cm、着丈30.5cm
[編み方]　糸は1本どりで、指定以外は生成りで編みます。
指に糸をかける方法で210目作り目して輪にし、10号針でねじり1目ゴム編みを編みます。12号針に替え、メリヤス編みの編込み模様（p.34参照）を編みますが、図のように前後両脇で減し目をしながら編みます。10号針に替え、ねじり1目ゴム編みを4段編み、編終りは伏止めをします。仕上げに、スチームアイロンを当てて裾を落ち着かせます。

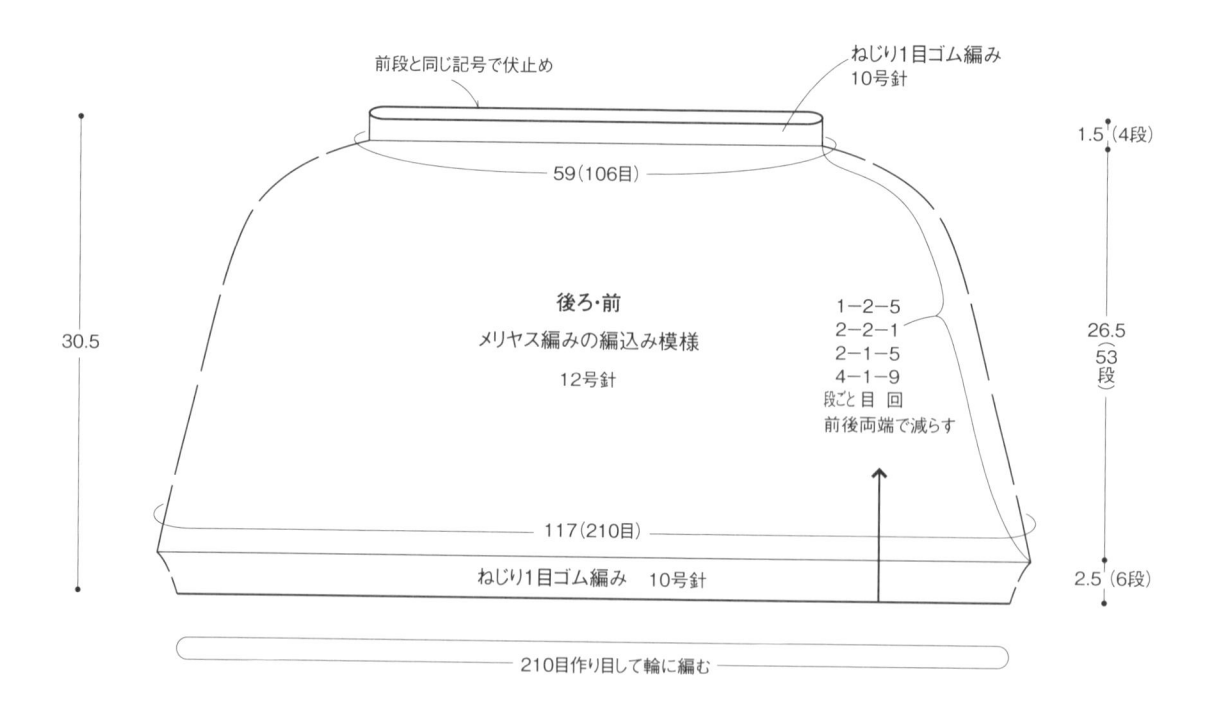

前段と同じ記号で伏止め　　ねじり1目ゴム編み 10号針

59（106目）

1.5（4段）

後ろ・前
メリヤス編みの編込み模様
12号針

1-2-5
2-2-1
2-1-5
4-1-9
段ごと目 回
前後両端で減らす

26.5
（53段）

30.5

117（210目）

ねじり1目ゴム編み　10号針

2.5（6段）

210目作り目して輪に編む

編込み図案と脇の減し方

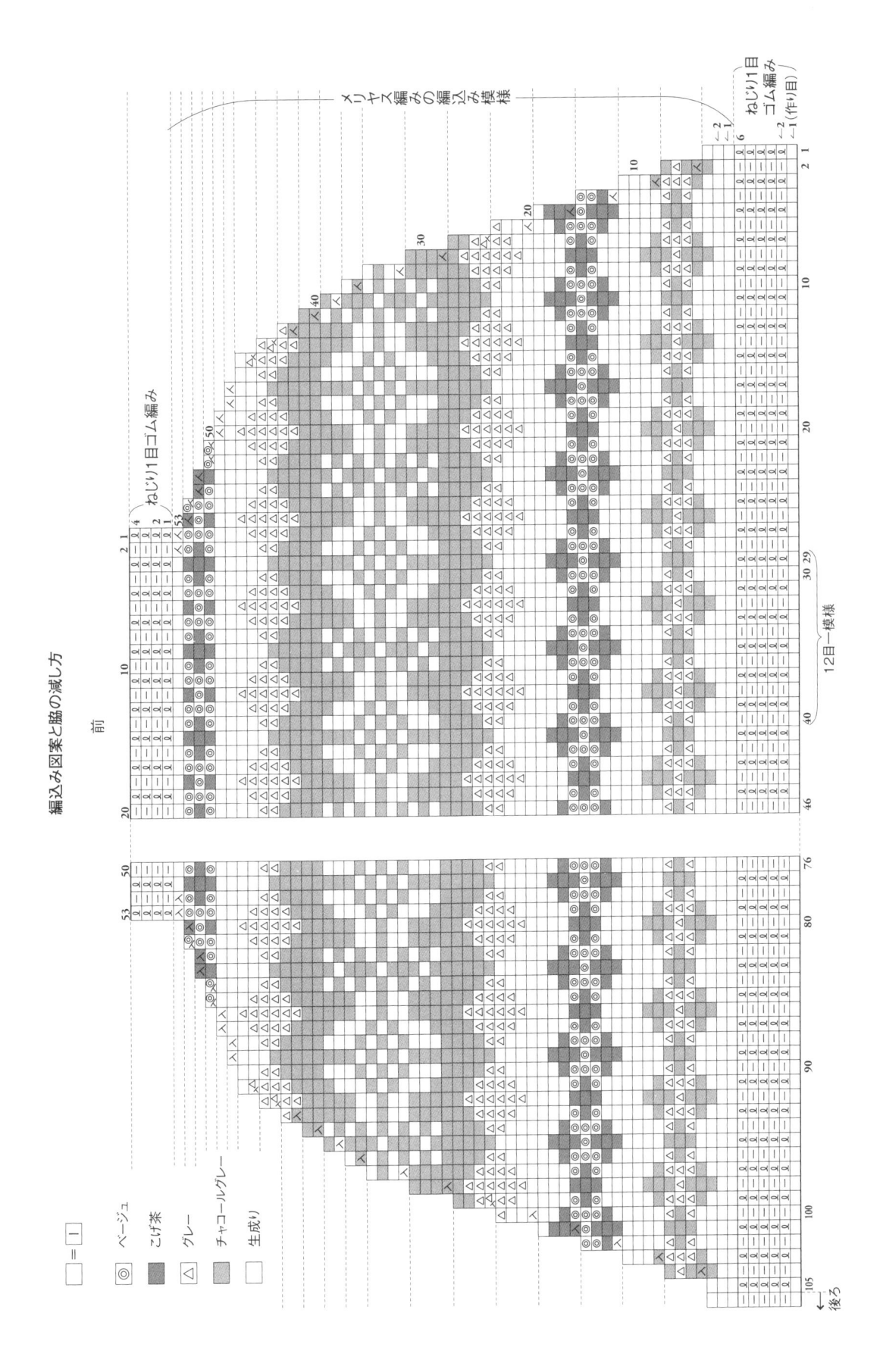

75

page28 うろこ雲ミトン

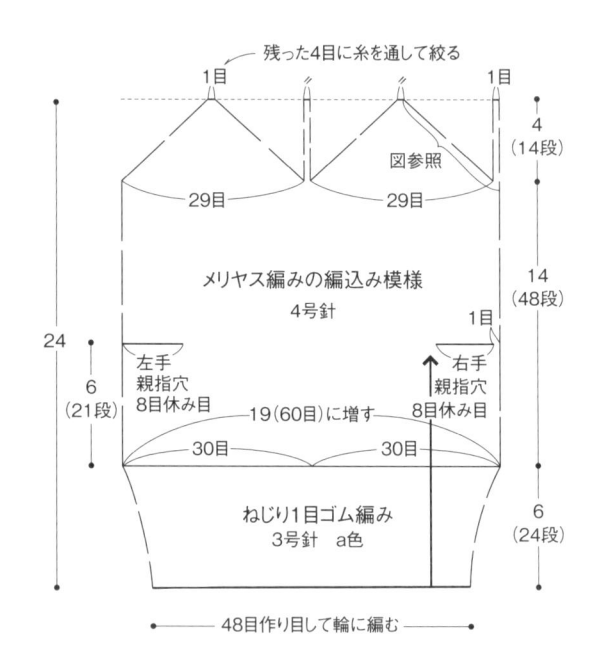

左からA、B、Cとします。

[糸]　オステルヨートランド（合太）
　　　A a色／ホワイトグレー（2）35g
　　　　 b色／赤と黒の段染め〈インガ〉（45）25g
　　　B a色／青と黒の段染め〈海〉（32）35g
　　　　 b色／白（1）20g
　　　C a色／緑と赤の段染め〈ダークキャラメル〉（24）35g
　　　　 b色／ホワイトグレー（2）20g
[用具]　3号、4号4本棒針
[ゲージ]　メリヤス編みの編込み模様　31.5目35段が10cm四方
[サイズ]　てのひら回り19cm、長さ24cm
[編み方]　糸は1本どりで、指定の配色で編みます。
指に糸をかける方法で48目作り目して輪にし、3号針でねじり1目ゴム編みを編みます。4号針に替えて60目に増し、メリヤス編みの編込み模様（p.34参照）で編みますが、親指穴の下側は別糸を通して目を休め、上側は目を作ります（p.35参照）。指先を図のように減らし、残った4目に糸を通して絞ります。別糸を抜いて目を拾い、親指を編みます。

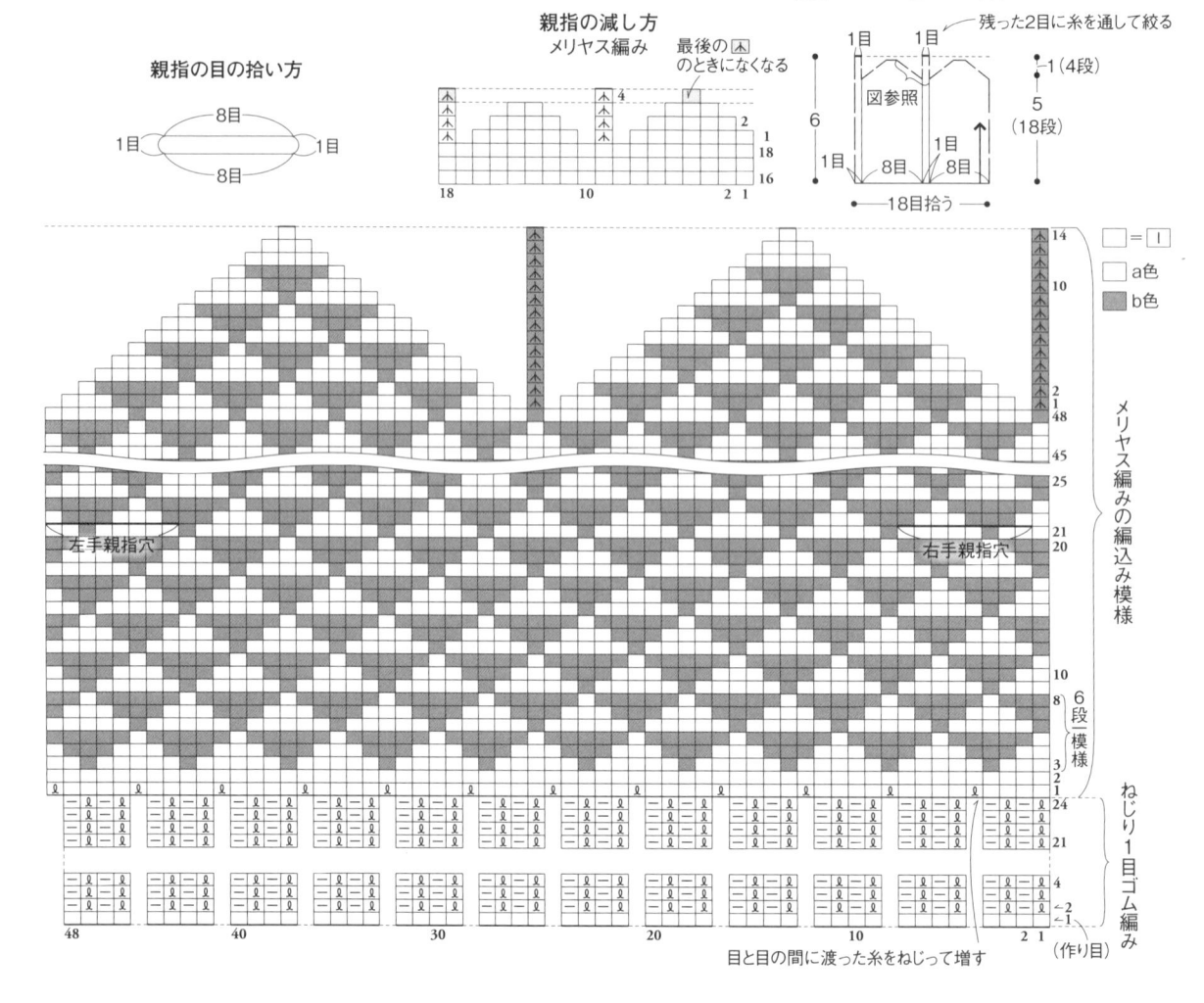

page32 ふかふかモヘア帽子

[糸] リッチモア エクセレントモヘア〈カウント10〉 グレー（40）30g
[用具] 15号2本棒針
[ゲージ] 裏メリヤス編み 14目18段が10cm四方
[サイズ] 頭回り56cm、深さ20.5cm
[編み方] 糸は4本どりで編みます。

指に糸をかける方法で60目作り目し、裏メリヤス編みで図のようにサイドを減らしながら編み、続けて中央を裏メリヤス編みと2目ゴム編みで増減なく編みます。合い印をすくいとじと目と段のはぎで合わせます。

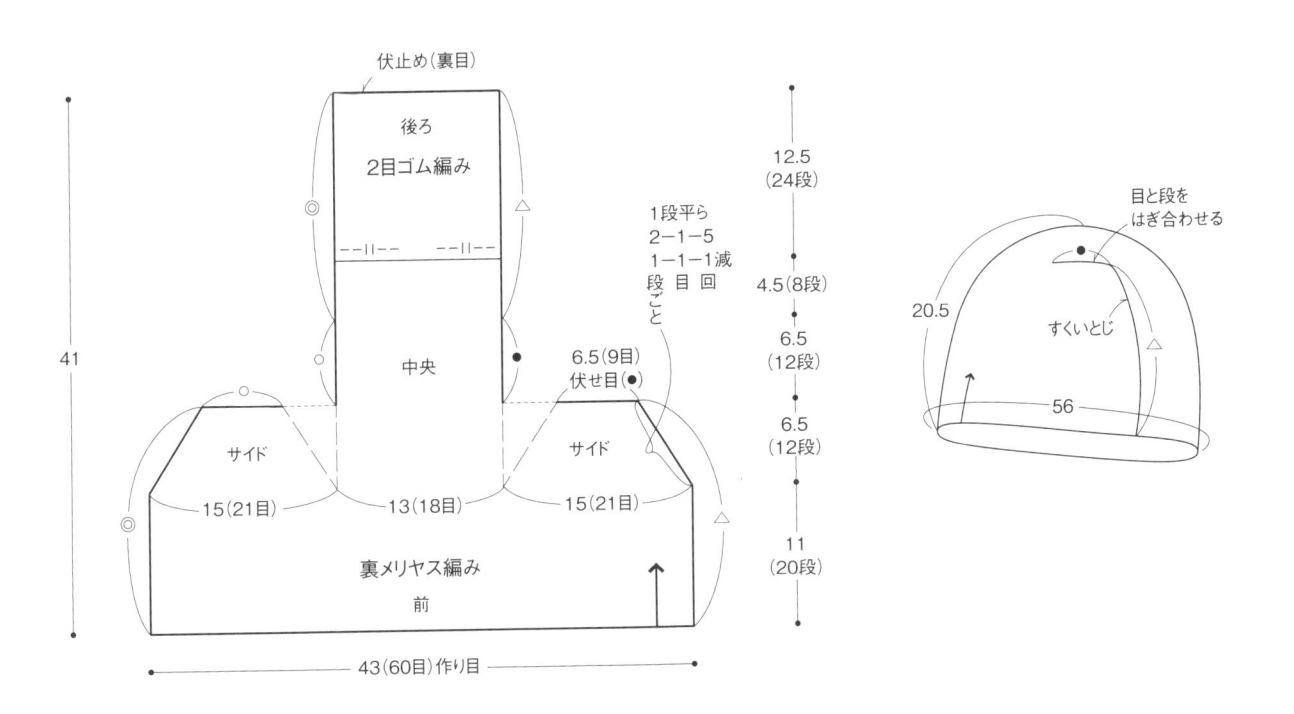

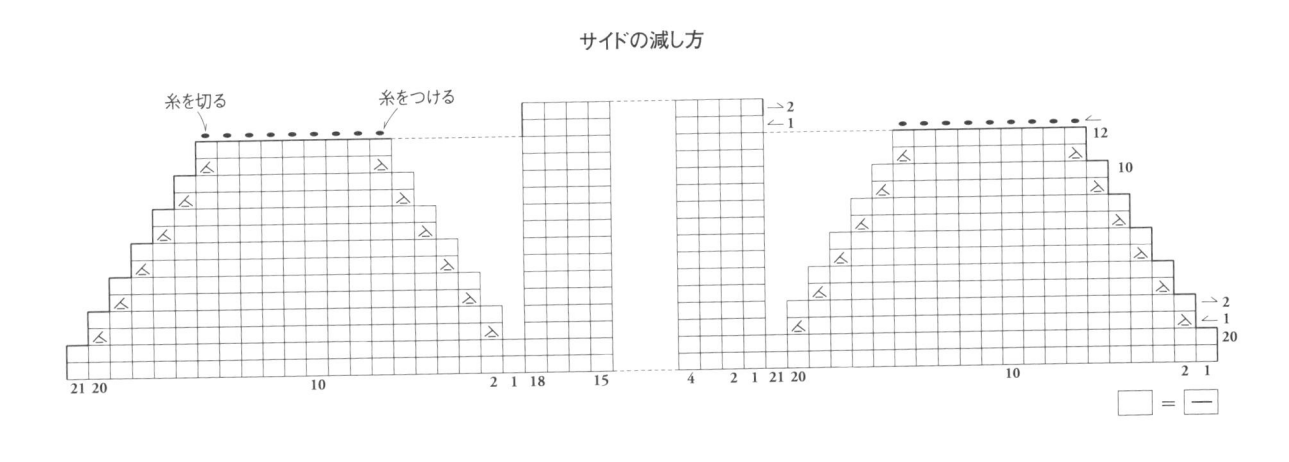

サイドの減し方

page30 へちま衿のカーディガン

p.30をA、p.31をBとします。
[糸]　ハマナカ　わんぱくデニス
　　　A 紺（20）560g　B オフホワイト（2）560g
[用具]　12号、15号2本棒針
[ボタン]　直径2.2cmのボタン3個
[ゲージ]　裏メリヤス編み　12.5目17段が10cm四方
　　　　　ガーター編み　　13.5目17段が10cm四方
[サイズ]　胸回り96cm、着丈55.5cm、ゆき丈74cm
[編み方]　糸は2本どりで編みます。

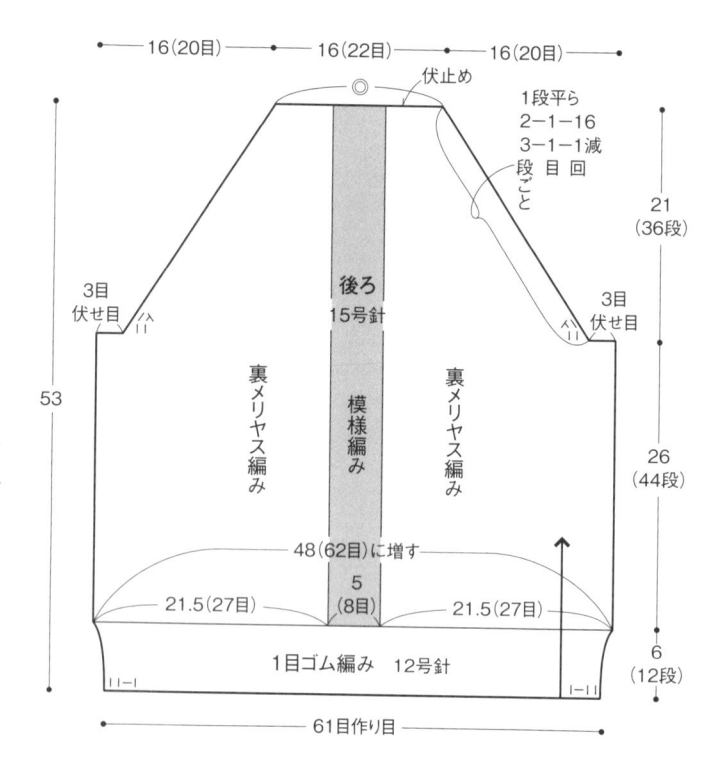

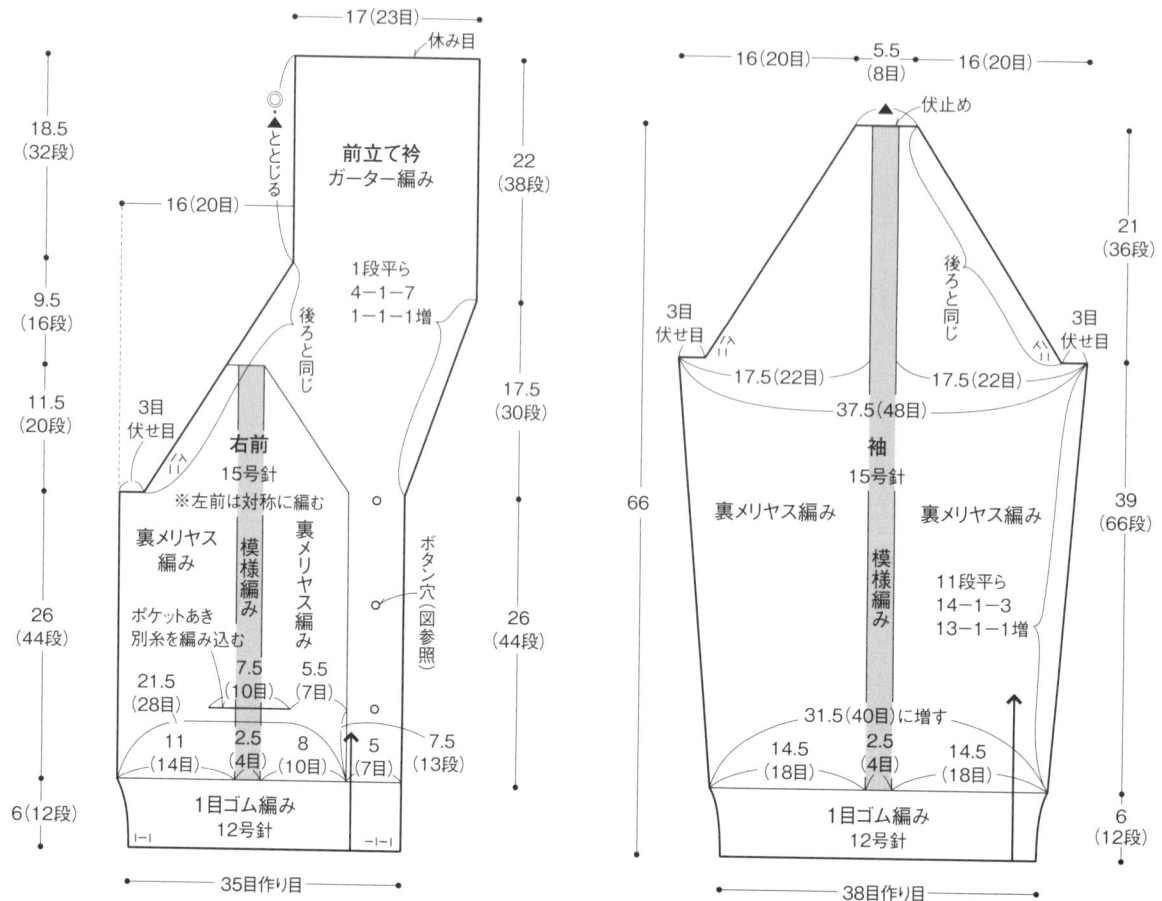

後ろ身頃、袖は、指に糸をかける方法で作り目し、12号針で1目ゴム編みを編みます。15号針に替えて、裏メリヤス編みと模様編みで図のように減らしながら編みます。前身頃と前立て衿は同様に35目作り目して1目ゴム編みを編みます。15号針に替えて、ガーター編み、裏メリヤス編み、模様編みを編みますが、右前立て衿にはボタン穴をあけ、ポケットあきには別糸を編み込みます。ポケットあきの別糸を抜いて目を拾い、ポケット口を伏止めをし、ポケット裏を編んで身頃にまつりつけます。ラグラン線をメリヤスはぎとすくいとじで合わせ、脇と袖下もすくいとじをします。左右の前立て衿をメリヤスはぎし、後ろ身頃と袖に引抜きとじでつけます。ボタンをつけます。

右前身頃の編み方

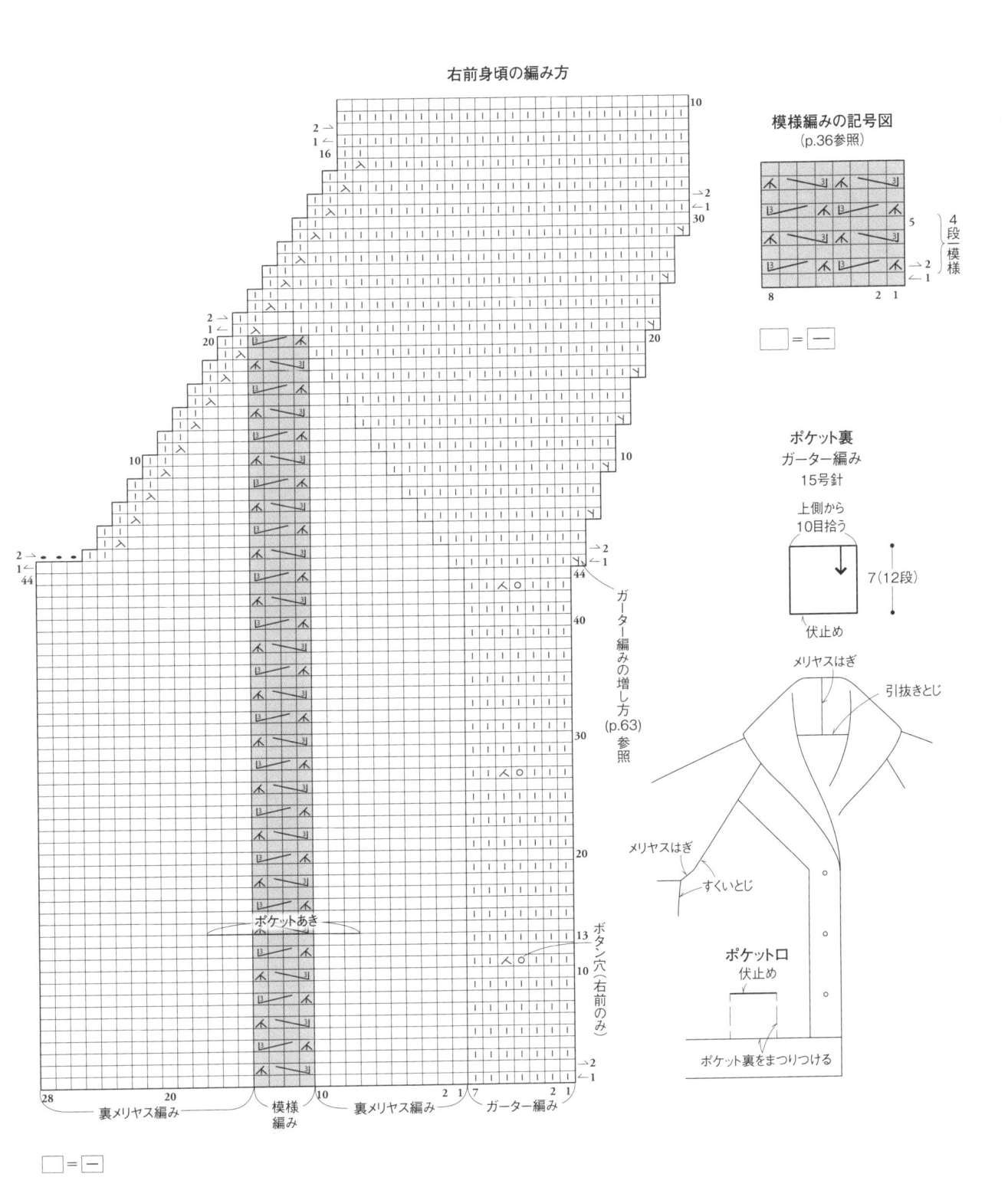

模様編みの記号図
(p.36参照)

4段1模様

ポケット裏
ガーター編み
15号針

上側から10目拾う

7(12段)

伏止め

メリヤスはぎ
引抜きとじ
メリヤスはぎ
すくいとじ

ポケット口
伏止め

ポケット裏をまつりつける

ガーター編みの増し方 (p.63) 参照

ポケットあき

ボタン穴(右前のみ)

裏メリヤス編み / 模様編み / 裏メリヤス編み / ガーター編み

□ = −

page33 星空と木立のミトン

[糸]　リッチモア パーセント　グレー（96）30g、紺（47）25g
[用具]　2号、4号4本棒針
[その他]　直径0.6cmのスパングル52個
[ゲージ]　メリヤス編みの編込み模様A　30目31.5段が10cm四方　メリヤス編みの編込み模様B　29目31.5段が10cm四方
[サイズ]　てのひら回り20cm、長さ22.5cm
[編み方]　糸は1本どりで、指定の配色で編みます。

指に糸をかける方法で42目作り目して輪にし、2号針でガーター編みを編みます。4号針に替えて59目に増し、メリヤス編みの編込み模様A、B（p.34参照）を編みますが、親指穴の下側は別糸を通して目を休め、上側に目を作ります（p.35参照）。指先を図のように減らし、残った7目に糸を通して絞ります。別糸を抜いて目を拾い、親指をメリヤス編みで編みます。右手は対称に編みます。

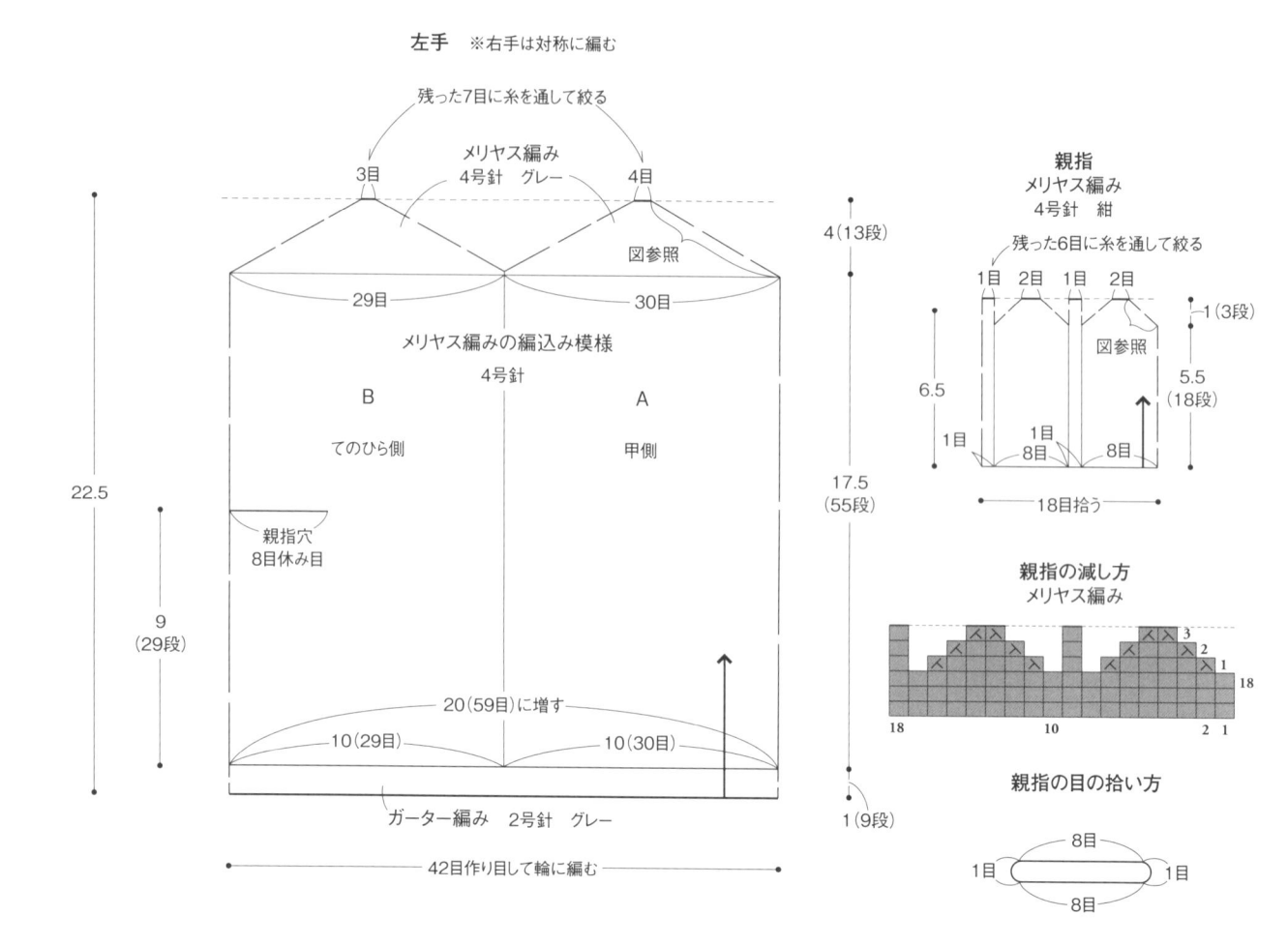

左手

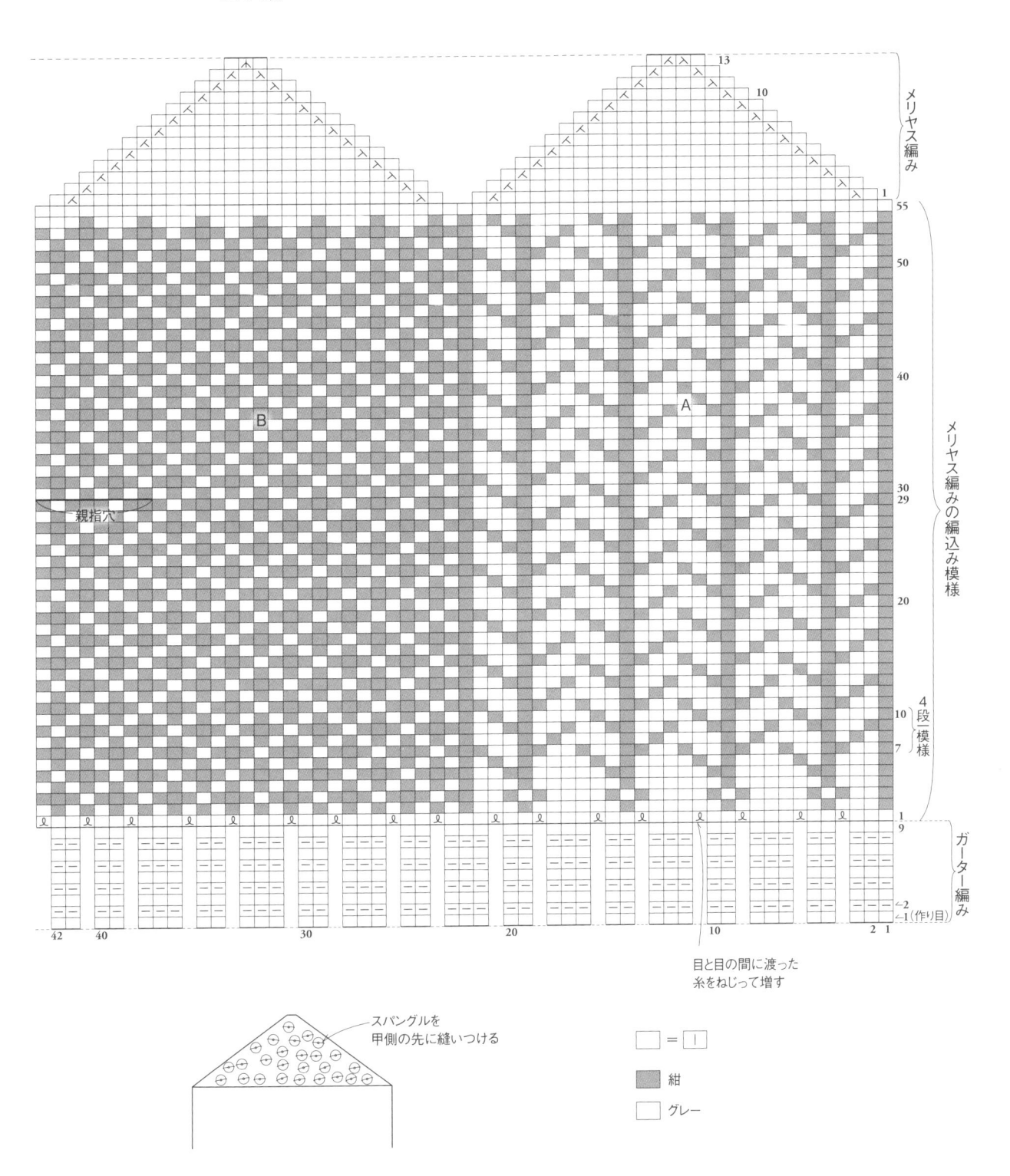

てのひら側　　　　　　　　　　　　甲側

メリヤス編み

メリヤス編みの編込み模様

4段一模様

ガーター編み

親指穴

目と目の間に渡った
糸をねじって増す

スパングルを
甲側の先に縫いつける

☐ = │

■ 紺
☐ グレー

編み物の基礎

[製図の見方]

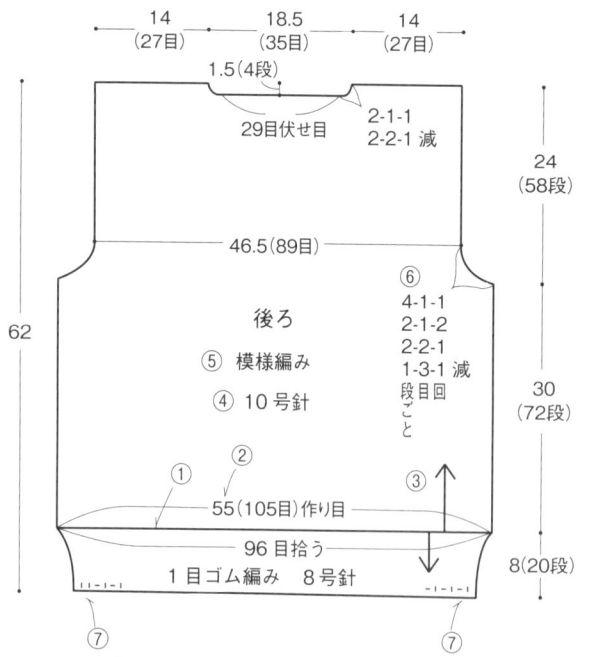

[記号の見方]

計算　4-1-1
　　　2-1-2
　　　2-2-1
　　　1-3-1 減
　　　段目回
　　　ごと

記号図で表わした場合

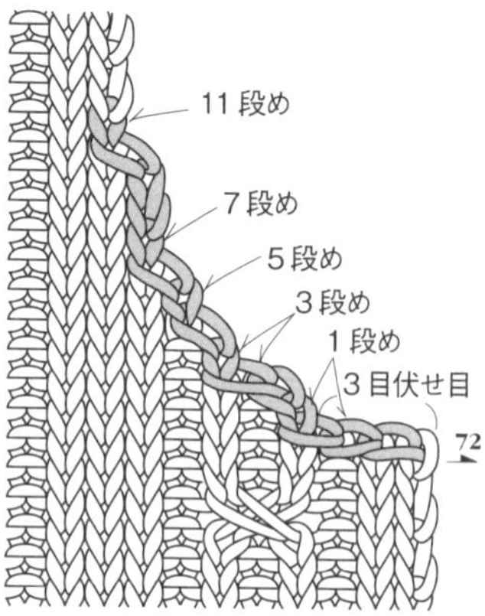

増す場合は減し方と同じ要領で減し目を増し目に変えます。

① 編始め位置　⑤ 編み地
② 寸法（cm）　⑥ 計算
③ 編む方向　　⑦ ゴム編みの端目の記号
④ 使う針

「端2目立てて減らす」とは

「目を立てる」とは編み目をくずさずに通すことを意味し、ラグラン線の減し目などによく使われます。「端2目立てて減らす」という場合は端から2目めが3目めの上になるように2目一度をします。

記号図で表わした場合

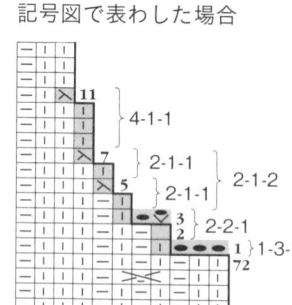

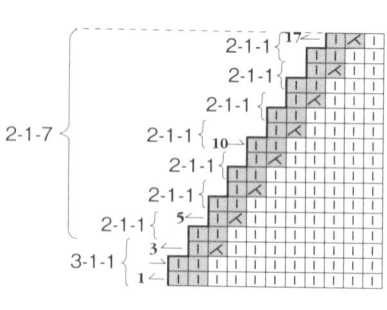

記号図は編み地の表側から見たもので、例外を除き、後ろ身頃の右端の1段めから書かれていて、左端は身頃の左端の編み目になります。
1段めに矢印「→」があるときは、1段めを左側（裏側）から編みます。
途中に「前脇 ←」などの指定があるときは、指定（前身頃）の右端をその位置から編み始めるという意味です。

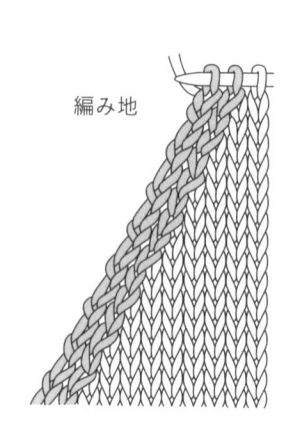

[模様編み記号図の見方]

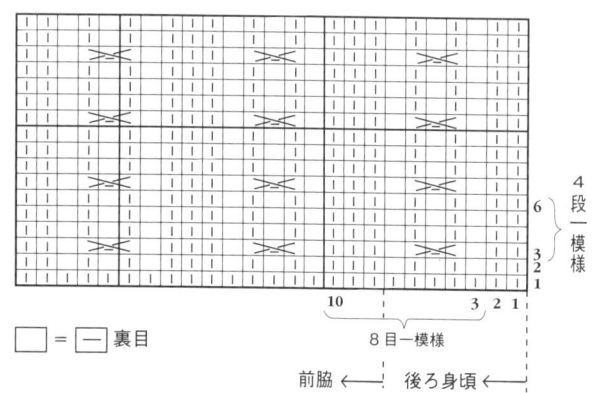

□ = － 裏目

[指に糸をかけて目を作る方法] いろいろな編み地に適し、初心者にも作りやすい方法です。

1
編み幅の約3倍の長さにする

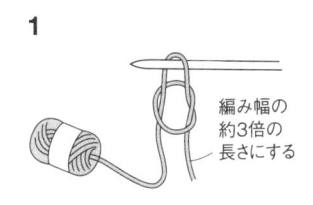

糸端から編み幅の約3倍の長さのところで輪を作り、棒針を輪の中に通す

2
人さし指にかける
親指にかける

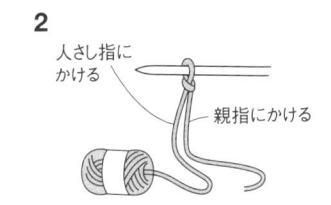

輪を引き締める。1目めのでき上り

3 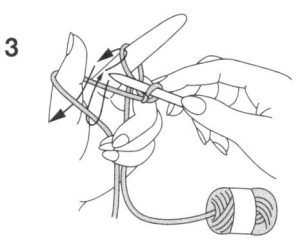
糸端側を左手の親指に、糸玉側を人さし指にかけ、人さし指にかかっている糸を矢印のようにすくう

4 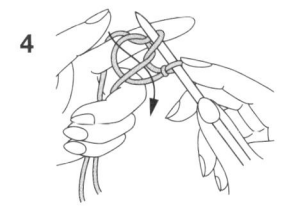
親指の糸を外し、手前の糸を矢印の方向に引き締める

5 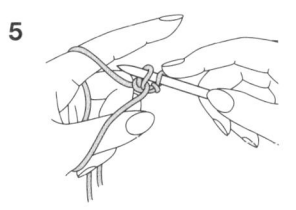
引き締めたところ。3〜5を繰り返し、必要目数作る

6 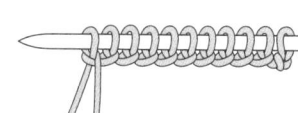
でき上り。1段めと数える。この棒針を左手に持ち替えて2段めを編む

[針にかかった目から編み出す方法] 著者が使用している方法です。作り目が薄く仕上がります。

1 
左針に1目を指で作る。

2 
1目めに右の針を入れ、糸をかける

3 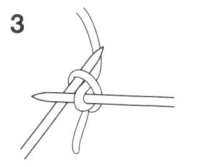
引き出す

4 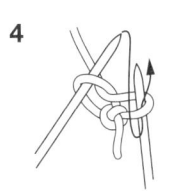
引き出した目を左の針に移す。右針は抜かないでおく。

5 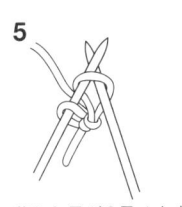
移した目が2目めとなる

6 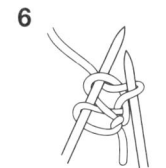
2〜4と同様に糸をかけて引き出し、左針に移す

7 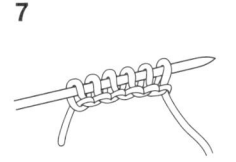
必要目数作る。表目1段と数える

[別糸を使って目を作る方法]

1
糸端側

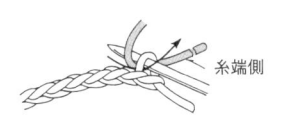

別糸で必要目数の鎖編みをし、裏側の山に針を入れて、糸を引き出す

2 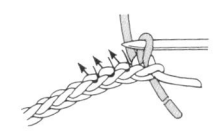
1を繰り返す

3 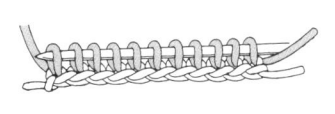
必要目数を拾う。これを1段めと数える

4 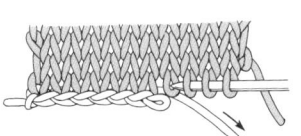
作り目の鎖をほどきながら、目を針にとる

83

[編み目記号] 編み目記号は編み地の表側から見た、操作記号です。
例外（かけ目・巻き目・引上げ目・すべり目・浮き目）を除き1段下にその編み目ができます。

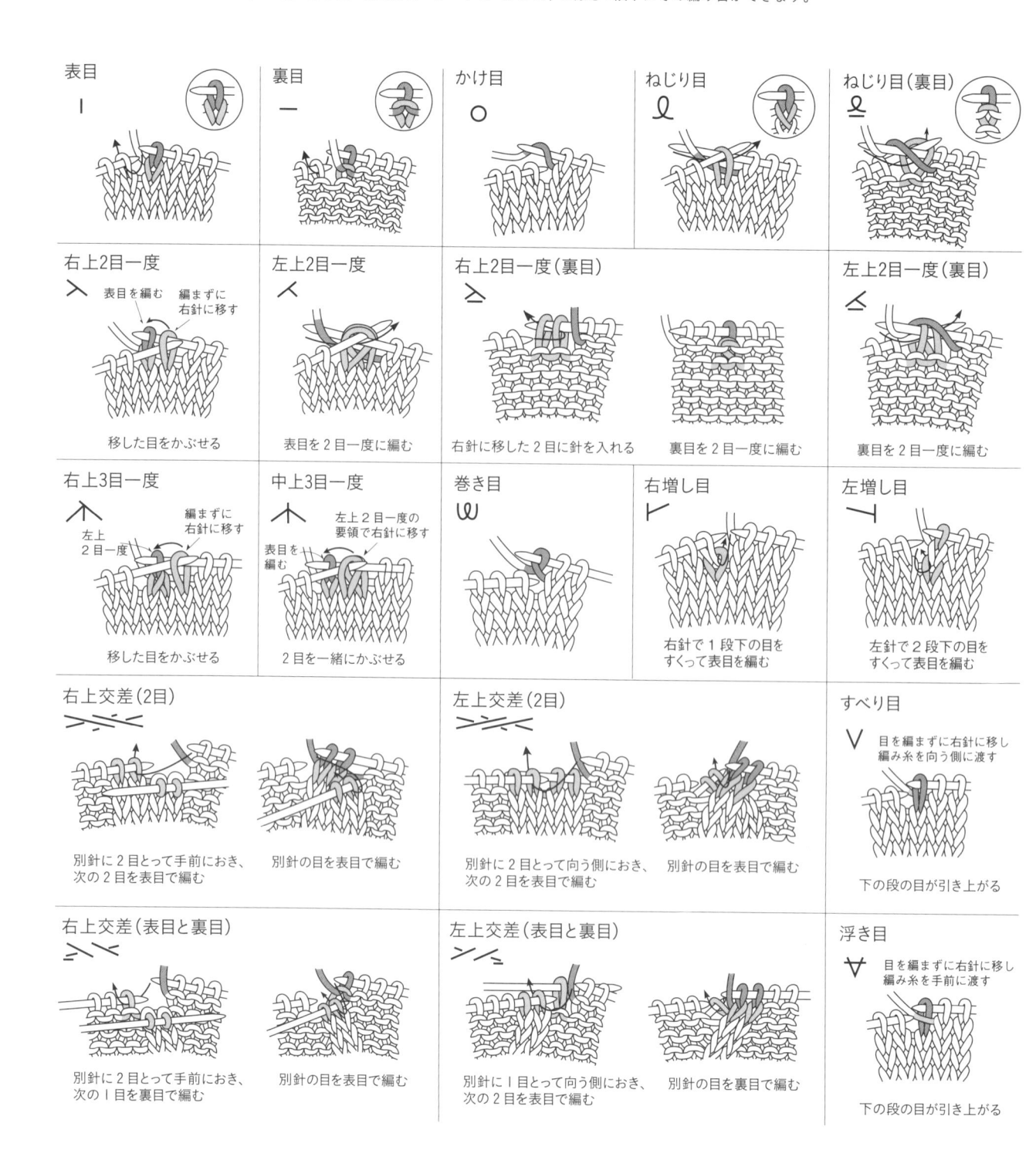

表目	裏目	かけ目	ねじり目	ねじり目（裏目）
右上2目一度 移した目をかぶせる	左上2目一度 表目を2目一度に編む	右上2目一度（裏目） 右針に移した2目に針を入れる　裏目を2目一度に編む		左上2目一度（裏目） 裏目を2目一度に編む
右上3目一度 移した目をかぶせる	中上3目一度 2目を一緒にかぶせる	巻き目	右増し目 右針で1段下の目をすくって表目を編む	左増し目 左針で2段下の目をすくって表目を編む
右上交差(2目) 別針に2目とって手前におき、次の2目を表目で編む　別針の目を表目で編む		左上交差(2目) 別針に2目とって向う側におき、次の2目を表目で編む　別針の目を表目で編む		すべり目 目を編まずに右針に移し編み糸を向う側に渡す 下の段の目が引き上がる
右上交差（表目と裏目） 別針に2目とって手前におき、次の1目を裏目で編む　別針の目を表目で編む		左上交差（表目と裏目） 別針に1目とって向う側におき、次の2目を表目で編む　別針の目を裏目で編む		浮き目 目を編まずに右針に移し編み糸を手前に渡す 下の段の目が引き上がる

[目の止め方]

伏止め（表目）

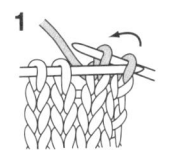

1 端の2目を表編みし、1目めを2目めにかぶせる

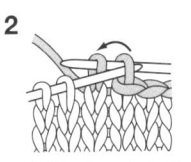

2 表編みし、かぶせることを繰り返す

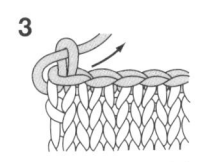

3 最後の目は、引き抜いて糸を締める

伏止め（裏目）

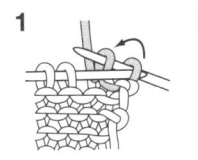

1 端の2目を裏編みし、1目めを2目めにかぶせる

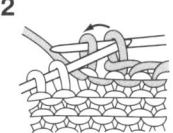

2 裏編みし、かぶせることを繰り返す

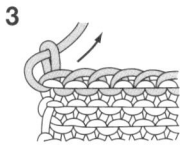

3 最後の目は、引き抜いて糸を締める

[1目内側でねじり目で増す方法] 目と目の間の糸をねじって増します。

右側の場合

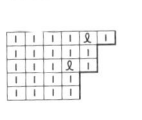

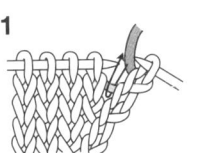

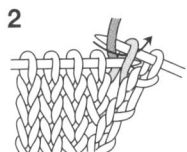

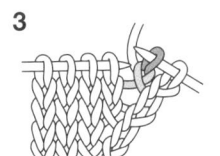

1 **2** **3**

1目めと2目めの間の渡り糸を右の針ですくい、ねじり目で編む

※左側の場合も同様に編みます。

セーターの裾や袖口のゴム編みとの境目で増し目をするときも同じ方法で増します。

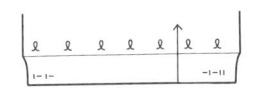

[端で2目以上減らす方法]

右側

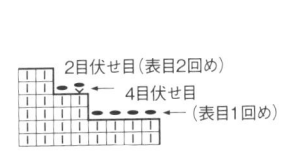

2目伏せ目（表目2回め）
4目伏せ目
（表目1回め）

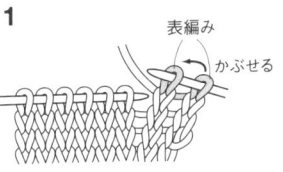

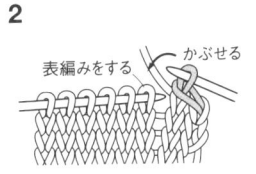

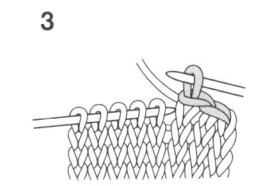

1 表編み／かぶせる

2 表編みをする／かぶせる

3

1回めは編み端に角をつけるために、始めの1目も表編みして、2目めにかぶせる

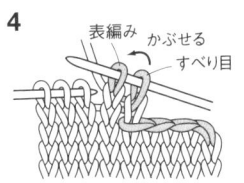

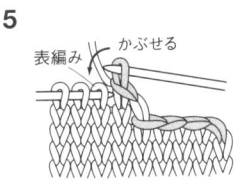

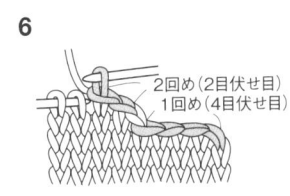

4 表編み／かぶせる／すべり目

5 表編み／かぶせる

6 2回め（2目伏せ目）／1回め（4目伏せ目）

2回め以降は編み地をなだらかにするために、始めの1目は編まずにすべり目して次の目は表編みし、すべり目を表編みした目にかぶせる

左側

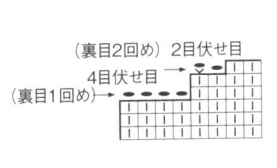

（裏目2回め）2目伏せ目
4目伏せ目
（裏目1回め）

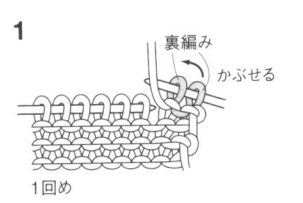

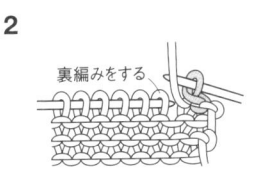

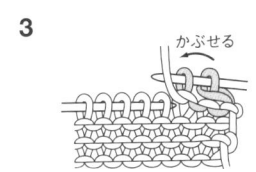

1 裏編み／かぶせる

1回め

2 裏編みをする

3 かぶせる

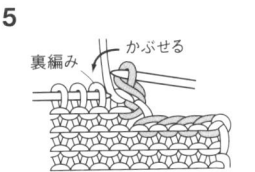

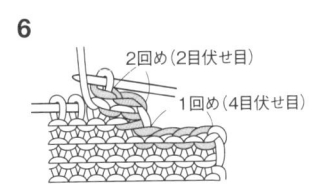

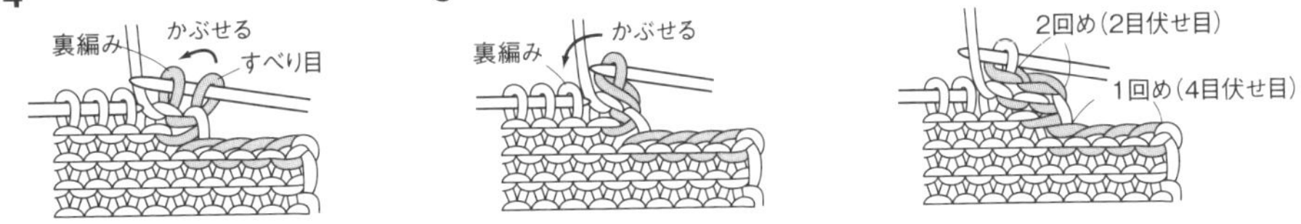

4 裏編み／かぶせる／すべり目

2回め

5 裏編み／かぶせる

6 2回め（2目伏せ目）／1回め（4目伏せ目）

85

[引返し編み (2段ごとに編み残す引返し編み)]

引返し編みは編終り側で操作を始めるので、左右で1段ずれます。
編始めは引返し編みに入る1段手前から編み残すようにすると、整図上の段差が少なくて済みます。

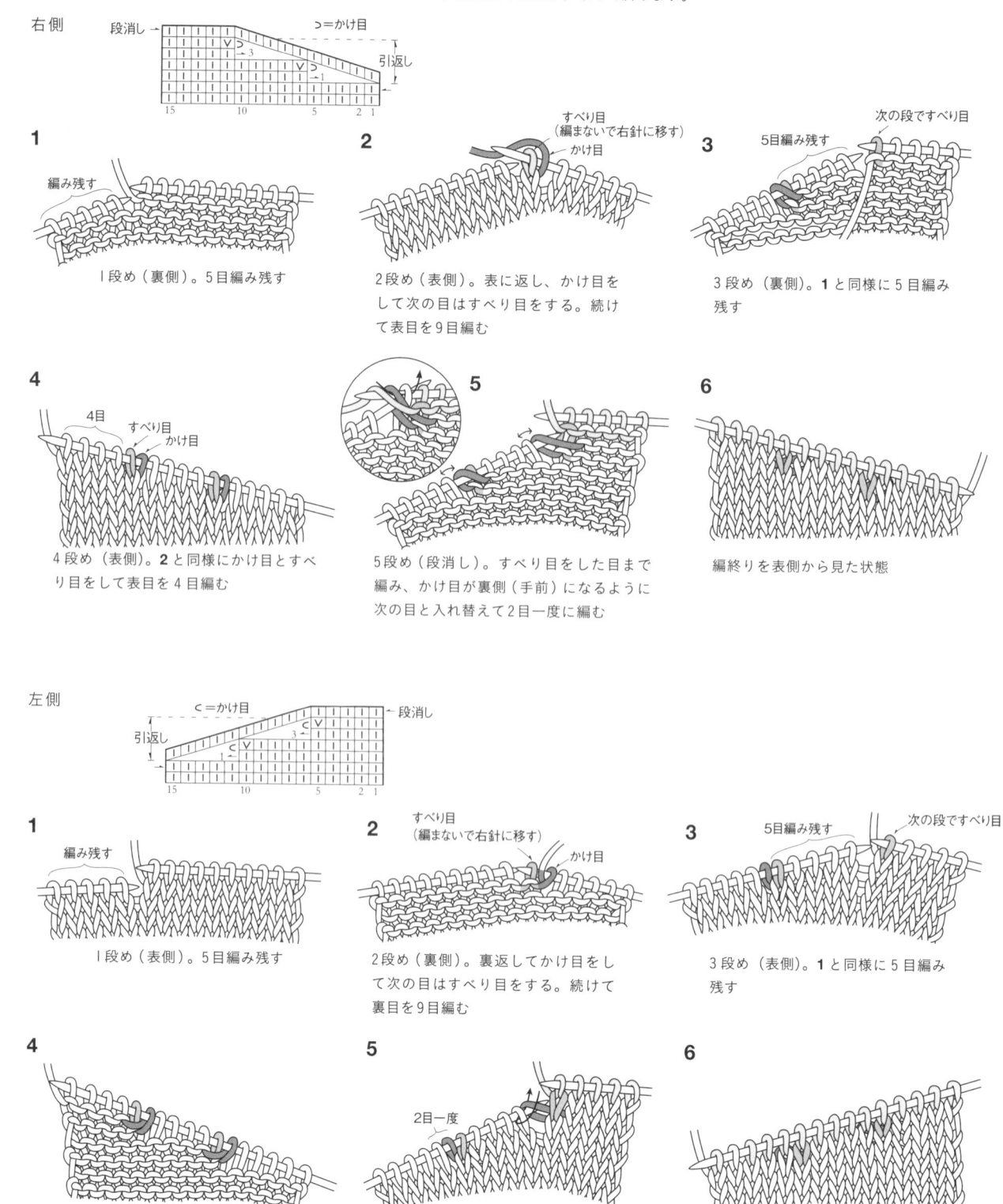

右側

1 1段め（裏側）。5目編み残す

2 2段め（表側）。表に返し、かけ目をして次の目はすべり目をする。続けて表目を9目編む

3 3段め（裏側）。**1**と同様に5目編み残す

4 4段め（表側）。**2**と同様にかけ目とすべり目をして表目を4目編む

5 5段め（段消し）。すべり目をした目まで編み、かけ目が裏側（手前）になるように次の目と入れ替えて2目一度に編む

6 編終りを表側から見た状態

左側

1 1段め（表側）。5目編み残す

2 2段め（裏側）。裏返してかけ目をして次の目はすべり目をする。続けて裏目を9目編む

3 3段め（表側）。**1**と同様に5目編み残す

4 4段め（裏側）。**2**と同様にかけ目とすべり目をして裏目を4目編む

5 5段め（段消し）。すべり目をした目まで編み、かけ目と次の目を2目一度に編む

6 編み終えた状態

[はぎ方・とじ方]
引抜きはぎ

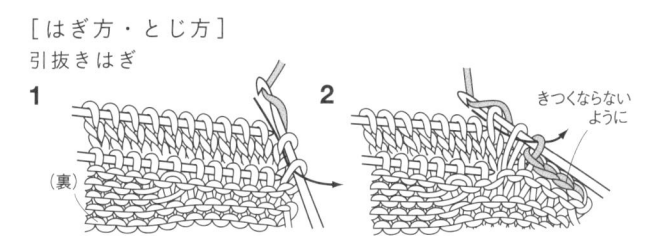

肩はぎでよく使う方法。編み地を中表にして持ち、かぎ針で前後の1目ずつとって引き抜く

メリヤスはぎ

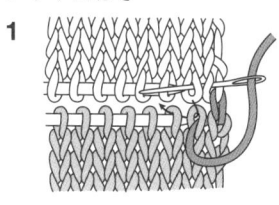

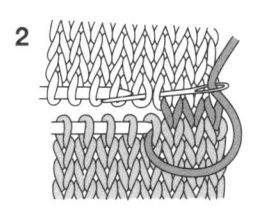

メリヤス目を作りながらはぎ合わせていく方法。表を見ながら右から左へはぎ進む。下はハの字に、上は逆ハの字に目をすくっていく

目と段のはぎ方

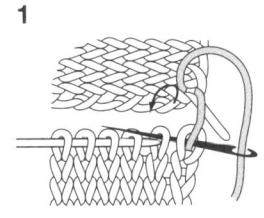

上の段は端の目と2目めの間の横糸をすくい、下の段はメリヤスはぎの要領で針を入れていく

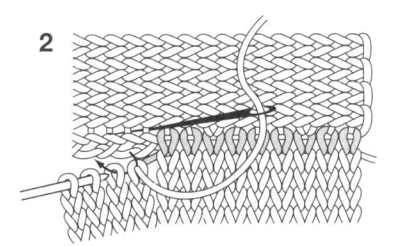

はぎ合わせる目数より段数が多い場合は、ところどころで1目に対して2段すくい、平均にはぐ

すくいとじ

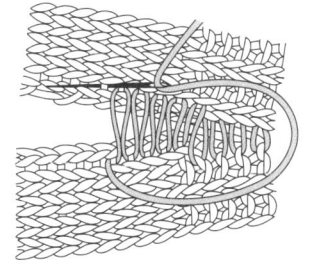

1目めと2目めの間の渡り糸を1段ずつ交互にすくう

引抜きとじ

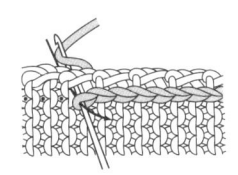

1目めと2目めの間を1段ずつ引き抜く

[ポケットの編み方]

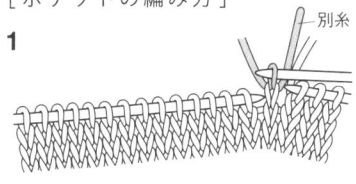

1 ポケット口の手前で糸を休め、別糸と別針でポケット口の目数を編む

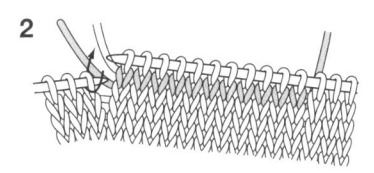

2 休めておいた糸で、別糸で編んだ目を編み、次の目も続けて編む

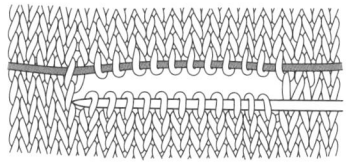

3 別糸をほどき、上を向いている目を針にとり、下向きの目は別糸を通して休めておく

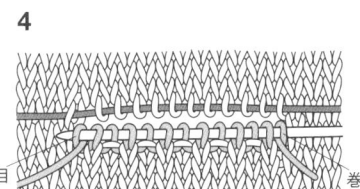

4 針にとった目から上にポケット口を編む。両端でとじ代分を1目ずつ巻き目で増して、編み終わったらすくいとじで身頃につける

5 裏ポケットは別糸に休めておいた目を針にとり、糸をつけて編む。編み終わったら身頃裏にまつりつける

[編み目記号（かぎ針編み）]

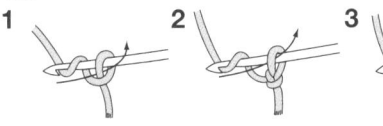

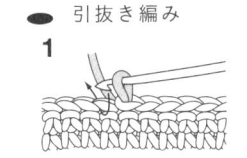

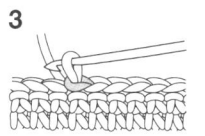

○ 鎖編み

● 引抜き編み

✕ 細編み

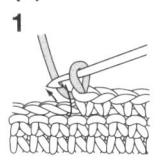

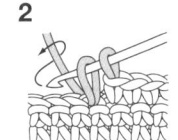

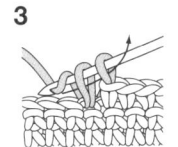

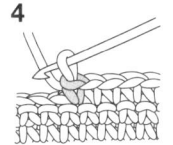

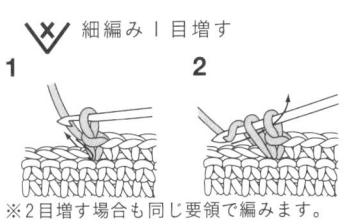

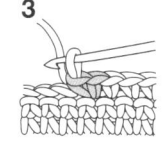

V 細編み1目増す

※2目増す場合も同じ要領で編みます。

三國万里子
みくにまりこ

1971年、新潟生れ。早稲田大学第一文学部仏文科卒業。
幼いころにかぎ針と毛糸をおもちゃ代りに渡されたのが編み物との出会い。
中学では家庭科部で部長を務め、日が暮れるまで部活三昧の日々。
大学のころから洋書を中心にテクニックとデザインの研究を深め、創作に没頭する。
毎冬に開く個展に向け、春から秋にかけて作品を編みためるかたわら、ワークショップ
形式の編み物教室をアトリエで行なう。
著書に『編みものこもの』(文化出版局)がある。

ブックデザイン	渡部浩美
撮影	横浪 修 (口絵)
	中辻 渉 (プロセス、インデックス)
スタイリング	岡尾美代子
ヘア&メイク	茅根裕己
モデル	mona
編み方解説	善方信子　吉田 彩
トレース	大楽里美 (p.41〜81)
	薄井年夫
	白くま工房
校閲	向井雅子
編集	三角紗綾子 (リトルバード)
	宮崎由紀子 (文化出版局)

[素材提供]

アップルトン (越前屋)
☎ 03-3281-4911

オステルヨートランド (きぬがさマテリアルズ)
http://kinumate.sakura.ne.jp

パピー (ダイドーフォワード パピー事業部)
☎ 03-3257-7135

ハマナカ
☎ 075-463-5151 (代)

リッチモア (ハマナカ リッチモア販売部)
☎ 075-463-5151 (代)

[撮影協力]

ジャーナルスタンダード 新宿　☎ 03-5367-0236
(cover、p.23、27、30のデニムシャツワンピース、p.05のスカートとソックス、p.07のコート、
p.07、10の衿つきボーダーTシャツ、p.14、15のチノパンツ、p.16のベスト、p.27の頭につけた蝶ネクタイ)

ADIEU TRISTESSE LOISIR 下北沢店　☎ 03-5452-4033
(p.08のマフラー、p.08、18のワンピース、p.24、31のシャツワンピース)

AWABEES　☎ 03-5786-1600

編みものワードローブ

2010年　9月26日　第1刷発行
2020年　9月18日　第9刷発行

著　者　三國万里子
発行者　濱田勝宏
発行所　学校法人文化学園 文化出版局
　　　　〒151-8524　東京都渋谷区代々木3-22-1
　　　　☎ 03-3299-2487 (編集)
　　　　☎ 03-3299-2540 (営業)
印刷・製本所　株式会社文化カラー印刷

©Mariko Mikuni 2010
Printed in Japan
本書の写真、カット及び内容の無断転載を禁じます。

・本書のコピー、スキャン、デジタル化等の無断複製は著作権法上での例外を除き、禁じられています。
本書を代行業者等の第三者に依頼してスキャンやデジタル化することは、たとえ個人や家庭内での利用でも著作権法違反になります。
・本書で紹介した作品の全部または一部を商品化、複製頒布、及びコンクールなどの応募作品として出品することは禁じられています。
・撮影状況や印刷により、作品の色は実物と多少異なる場合があります。ご了承ください。

文化出版局のホームページ http://books.bunka.ac.jp/